春秋左傳

（第二册）

UESTCP
电子科技大学出版社

第二册目録

春秋左傳

成公

元年春王正月公卽位

二月辛酉葬我君宣公

無氷

○元年春晉侯使瑕嘉平戎于王單襄公如晉拜成劉康公徼戎將遂伐之叔服曰背盟而欺大國此必敗背盟不祥欺大國不義神人弗助將何以勝不聽遂伐茅戎三月癸未敗績于徐吾

氏

三月作丘甲

爲齊難故作丘甲

夏臧孫許及晉侯盟于赤棘

聞齊將出楚師夏盟于赤棘

秋王師敗績于茅戎

秋王人來告敗

冬十月

冬臧宣叔令脩賦繕完具守備曰齊楚結好我

新與晉盟晉楚爭盟齊師必至雖晉人伐齊楚
必救之是齊楚同我也知難而有備乃可以逞

二年春齊侯伐我北鄙

二年春齊侯伐我北鄙圍龍頃公之嬖人盧蒲
就魁門焉龍人囚之齊侯曰勿殺吾與而盟無
入而封弗聽殺而膊諸城上齊侯親鼓士陵城
三日取龍遂南侵及巢丘

夏四月丙戌衛孫良夫帥師及齊師戰于新築衛
師敗績

先但言車來至此乃點出人名是逆敘法然必以先見車而後辨人與隕石于宋五法同

衛侯使孫良夫石稷甯相向禽將侵齊與齊師遇石子欲還孫子曰不可以師伐人遇其師而還將謂君何若知不能則如無出今既遇矣不如戰也夏有（闕文失新築戰事）石成子曰師敗矣子不少須衆懼盡子喪師徒何以復命皆不對又曰子國卿也隕子辱矣子以衆退我此乃止且告車來甚衆齊師乃止次于鞫居新築人仲叔于奚救孫桓子桓子是以免既衛人賞之以邑辭請曲縣繁纓以朝許之仲尼聞之曰惜也不如多與之邑

精細華意與戰韓篇略同

唯器與名不可以假人君之所司也名以出信信以守器器以藏禮禮以行義義以生利利以平民政之大節也若以假人與人政也政亡則國家從之弗可止也已

六月癸酉季孫行父臧孫許叔孫僑如公孫嬰齊帥師會晉郤克衛孫良夫曹公子首及齊侯戰于鞌齊師敗績　秋七月齊侯使國佐如師己酉及國佐盟于袁婁

孫桓子還於新築不入遂如晉乞師臧宣叔亦

總能爲役在今時已陳

如晉乞師皆主郤獻子晉侯許之七百乘郤子曰此城濮之賦也有先君之明與先大夫之肅故捷克於先大夫無能爲役請八百乘許之郤克將中軍士燮佐上軍欒書將下軍韓厥爲司馬以救魯衛臧宣叔逆晉師且道之季文子帥師會之及衛地韓獻子將斬人郤獻子馳將救之至則旣斬之矣郤子使速以徇告其僕曰吾以分謗也師從齊師于莘六月壬申師至于靡笄之下齊侯使請戰曰子以君師辱於敝邑不

六句作一氣下甚勁有力

腆敝賦詰朝請見對曰晉與魯衛兄弟也來告曰大國朝夕釋憾於敝邑之地寡君不忍使羣臣請於大國無令輿師淹於君地能進不能退君無所辱命齊侯曰大夫之許寡人之願也若其不許亦將見也齊高固入晉師桀石以投人禽之而乘其車繫桑本焉以徇齊壘曰欲勇者賈余餘勇○妙○有○致○癸酉師陳于鞌邴夏御齊侯逢丑父爲右晉解張御郤克鄭丘緩爲右齊侯曰余姑翦滅此而朝食不介馬而馳之郤克傷於矢流

適值此奇增
色然亦有意
詳欲不然則
只未絕鼓音
四字已足

勉之下竟不
重出郤克字
又法甚古

攢細無不備
而辭氣嚴整

血及屨未絕鼓音曰余病矣張侯曰自始合而
矢貫余手及肘余折以御左輪朱殷豈敢言病
吾子忍之緩曰自始合苟有險余必下推車子
豈識之然子病矣張侯曰師之耳目在吾旗鼓
進退從之此車一人殿之可以集事若之何其
以病敗君之大事也擐甲執兵固即死也病未
及死吾子勉之左并轡右援枹而鼓馬逸不能
止師從之齊師敗績逐之三周華不注韓厥夢
子輿謂巳曰且辟左右故中御而從齊侯邴夏

又出此奇

丑父蛇傷當是壬申夜事

故爲遁辭而實無狀之甚意態絕妙

曰射其御者君子也公曰謂之君子而射之非禮也射其左越于車下射其右斃于車中綦毋張喪車從韓厥曰請寓乘從左右皆肘之使立於後韓厥俛定其右逢丑父與公易位將及華泉驂絓於木而止丑父寢於轏中蛇出於其下以肱擊之傷而匿之故不能推車而及韓厥執縶馬前再拜稽首奉觴加璧以進曰寡君使羣臣爲魯衛請曰無令輿師陷入君地下臣不幸屬當戎行無所逃隱且懼奔辟而忝兩君臣辱

入師易退師難恐為人所危當是衛入晉師求丑父却不敢旋車退乃斜貫入狄卒穿衛師出蓋衛外更無晉師也

衺秭本作

戎士敢告不敏攝官承乏丑父使公下如華泉取飲鄭周父御佐車宛茷為右載齊侯以免韓厥獻丑父郤獻子將戮之呼曰自今無有代其君任患者有一於此將為戮乎郤子曰人不難以死免其君我戮之不祥赦之以勸事君者乃免之齊侯免求丑父三入三出每出齊師以帥退入于狄卒狄卒皆抽戈楯冒之以入于衛師衛師免之遂自徐關入齊侯見保者曰勉之齊師敗矣辟女子女子曰君免乎曰免矣曰銳師

又出此奇

對語工絕鍊而動

徒免乎曰免矣曰苟君與吾父免矣可若何乃奔齊侯以爲有禮既而問之辟司徒之妻也予之石窌晉師從齊師入自丘輿擊馬陘齊侯使賓媚人賂以紀甗玉磬與地不可則聽客之所爲賓媚人致賂晉人不可曰必以蕭同叔子爲質而使齊之封內盡東其畝對曰蕭同叔子非他寡君之母也若以匹敵則亦晉君之母也吾子布大命於諸侯而曰必質其母以爲信其若王命何且是以不孝令也詩曰孝子不匱永錫

爾類若以不孝令於諸侯其無乃非德類也乎先王疆理天下物土之宜而布其利故詩曰我疆我理南東其畒今吾子疆理諸侯而曰盡東其畒而已唯吾子戎車是利無顧土宜其無乃非先王之命也乎反先王則不義何以爲盟主其晉實有闕四王之王也樹德而濟同欲焉五伯之霸也勤而撫之以役王命今吾子求合諸侯以逞無疆之欲詩曰布政優優百祿是遒子實不優而弃百祿諸侯何害焉不然寡君之命

此後更濃更
精更緊

氣更勁

使臣則有辭矣曰子以君師辱於敝邑不腆敝
賦以犒從者畏君之震師徒橈敗吾子惠徼齊
國之福不泯其社稷使繼舊好唯是先君之敝
器土地不敢愛子又不許請收合餘燼背城借
○背○甚○
一敝邑之幸亦云從也況其不幸敢不唯命是
聽魯衞諫曰齊疾我矣其死亡者皆親暱也子
若不許讎我必甚唯子則又何求子得其國寶
我亦得地而紓於難其榮多矣齊晉亦唯天所
授豈必晉晉人許之對曰羣臣帥賦輿以爲魯

衞請若苟有以藉口而復於寡君君之惠也敢不唯命是聽禽鄭自師逆公秋七月晉師及齊國佐盟于爰婁使齊人歸我汶陽之田公會晉師于上鄍賜三帥先路三命之服司馬司空輿帥候正亞旅皆受一命之服

八月壬午宋公鮑卒

八月宋文公卒始厚葬用蜃炭益車馬始用殉重器備椁有四阿棺有翰檜君子謂華元樂舉於是乎不臣臣治煩去惑者也是以伏死而爭

奇本自申公出敘得頓挫有節奏節〻相映發攢簇熱鬧此則左公妙手

今二子者君生則縱其惑死又益其侈是弃君於惡也何臣之為

庚寅衛侯速卒

九月衛穆公卒晉三子自役弔焉哭於大門之外衛人逆之婦人哭於門內送亦如之遂常以葬

○楚之討陳夏氏也莊王欲納夏姬申公巫臣曰不可君召諸侯以討罪也今納夏姬貪其色也貪色為淫淫為大罰周書曰明德慎罰文王所

以造周也明德務崇之之謂也慎罰務去之之謂也若與諸侯以取大罰非慎之也君其圖之王乃止子反欲取之巫臣曰是不祥人也是夭子蠻殺御叔弒靈侯戮夏南出孔儀喪陳國何不祥如是人生實難其有不獲死乎天下多美婦人何必是子反乃止王以予連尹襄老襄老死於邲不獲其尸其子黑要烝焉巫臣使道焉曰歸吾聘女又使自鄭召之曰尸可得也必來逆之姬以告王王問諸屈巫對曰其信知罃之

父成公之嬖也而中行伯之季弟也新佐中軍而善鄭皇戌甚愛此子其必因鄭而歸王子與襄老之尸以求之鄭人懼於邲之役而欲求媚於晉其必許之王遣夏姬歸將行謂送者曰不得尸吾不反矣巫臣聘諸鄭鄭伯許之及共王即位將爲陽橋之役使屈巫聘于齊且告師期巫臣盡室以行申叔跪從其父將適郢遇之曰異哉夫子有三軍之懼而又有桑中之喜宜將竊妻以逃者也及鄭使介反幣而以夏姬行將

奔齊齊師新敗曰吾不處不勝之國遂奔晉而因郤至以臣於晉晉人使爲邢大夫子反請以重幣錮之王曰止其自爲謀也則過矣其爲吾先君謀也則忠忠社稷之固也所蓋多矣且彼若能利國家雖重幣晉將可乎若無益於晉晉將弃之何勞錮焉

○晉師歸范文子後入武子曰無爲吾望爾也乎對曰師有功國人喜以逆之先入必屬耳目焉是代帥受名也故不敢武子曰吾知免矣郤伯

章法平穩內惟勞上下軍二師變句小有致伯玉賞為敘事神品尚未得其解

見公曰子之力也夫對曰君之訓也二三子之力也臣何力之有焉范叔見勞之如郤伯對曰庚所命也克之制也燮何力之有焉欒伯見公亦如之對曰燮之詔也士用命也書何力之有焉

取汶陽田

冬楚師鄭師侵衛　十有一月公會楚公子嬰齊于蜀　丙申公及楚人秦人宋人陳人衛人鄭人齊人曹人邾人薛人鄫人盟于蜀

即郤獻子代郤缺文

宣公使求好于楚莊王卒宣公薨不克作好公即位受盟于晉會晉伐齊衞人不行使于楚而亦受盟于晉從於伐齊故楚令尹子重爲陽橋之役以救齊將起師子重曰君弱羣臣不如先大夫師衆而後可詩曰濟濟多士文王以寧夫文王猶用衆況吾儕乎且先君莊王屬之曰無德以及遠方莫如惠恤其民而善用之乃大戶已責逮鰥救乏赦罪悉師王卒盡行彭名御戎蔡景公爲左許靈公爲右二君弱皆強冠之冬

楚師侵衛遂侵我師于蜀使臧孫往辭曰楚遠而久固將退矣無功而受名臣不敢楚侵及陽橋孟孫請往賂之以執斲執鍼織紝皆百人公衡爲質以請盟楚人許平十一月公及楚公子嬰齊蔡侯許男秦右大夫說宋華元陳公孫寧衛孫良夫鄭公子去疾及齊國之大夫盟于蜀卿不書匱盟也於是乎畏晉而竊與楚盟故曰匱盟蔡侯許男不書乘楚車也謂之失位君子曰位其不可不慎也乎蔡許之君一失其位不

得列於諸侯況其下乎詩曰不解于位民之攸塈其是之謂矣楚師及宋公衞逃歸臧宣叔曰衞父不忍數年之不宴以弃魯國國將若之何誰居後之人必有任是夫國弃矣是行也晉辟楚畏其衆也君子曰衆之不可以巳也大夫爲政猶以衆克況明君而善用其衆乎大誓所謂商兆民離周十人同者衆也

○晉侯使鞏朔獻齊捷于周王弗見使單襄公辭焉曰蠻夷戎狄不式王命淫湎毀常王命伐之

典常大論

古陗有調

則有獻捷王親受而勞之所以懲不敬勸有功也兄弟甥舅侵敗王略王命伐之告事而已不獻其功所以敬親暱禁淫慝也今叔父克遂有功于齊而不使命卿鎮撫王室所使來撫余一人而鞏伯實來未有職司於王室又奸先王之禮余雖欲於鞏伯其敢廢舊典以忝叔父夫齊甥舅之國也而大師之後也寧不亦淫從其欲以怒叔父抑豈不可諫誨士莊伯不能對王使委於三吏禮之如侯伯克敵使大夫告慶之禮

降於卿禮一等王以鞏伯宴而私賄之使相告
之曰非禮也勿籍
三年春王正月公會晉侯宋公衛侯曹伯伐鄭
三年春諸侯伐鄭次于伯牛討邲之役也遂東
侵鄭鄭公子偃帥師禦之使東鄙覆諸鄤敗諸
丘輿皇戌如楚獻捷
辛亥葬衛穆公
二月公至自伐鄭
甲子新宮災三日哭

意精語鍊卓為神品

乙亥葬宋文公

夏公如晉

夏公如晉拜汶陽之田

鄭公子去疾帥師伐許

許恃楚而不事鄭鄭子良伐許

公至自晉

○晉人歸楚公子穀臣與連尹襄老之尸于楚以求知罃於是荀首佐中軍矣故楚人許之王送知罃曰子其怨我乎對曰二國治戎臣不才不

淨

說無怨易說無德難此說據理正大而說得宛妙善辭則更腴此

臣怨君德分帖得好

辭命

勝其任以爲俘馘執事不以釁鼓使歸卽戮君之惠也臣實不才又誰敢怨王曰然則德我乎對曰二國圖其社稷而求紓其民各懲其忿以相宥也兩釋纍囚以成其好二國有好臣不與及其誰敢德王曰子歸何以報我對曰臣不任受怨君亦不任受德無怨無德不知所報王曰雖然必告不穀對曰以君之靈纍臣得歸骨於晉寡君之以爲戮死且不朽若從君之惠而免之以賜君之外臣首首其請於寡君而以戮於

壯甚

宗亦死且不朽若不獲命而使嗣宗職次及於
事而帥偏師以脩封疆雖遇執事其弗敢違其
竭力致死無有二心以盡臣禮所以報也王曰
二語[illegible]
晉未可與爭重爲之禮而歸之

秋叔孫僑如帥師圍棘
秋叔孫僑如圍棘取汶陽之田棘不服故圍之

大雩

晉郤克衞孫良夫伐廧咎如
晉郤克衞孫良夫伐廧咎如討赤狄之餘焉廧

咎如潰上失民也

冬十有一月晉侯使荀庚來聘衞侯使孫良夫來聘丙午及荀庚盟丁未及孫良夫盟

冬十一月晉侯使荀庚來聘且尋盟衞侯使孫良夫來聘且尋盟公問諸臧宣叔曰中行伯之於晉也其位在三孫子之於衞也位爲上卿將誰先對曰次國之上卿當大國之中中當其下下當其上大夫小國之上卿當大國之下卿中當其上大夫下當其下大夫上下如是古之制

敘二將意態
妙郤峻韓婉

也衞在晉不得爲次國晉爲盟主其將先之丙
午盟晉丁未盟衞禮也
鄭伐許
○十二月甲戌晉作六軍韓厥趙括鞏朔韓穿荀
騅趙旃皆爲卿賞鞌之功也
○齊侯朝于晉將授玉郤克趨進曰此行也君爲
婦人之笑辱也寡君未之敢任晉侯享齊侯齊
侯視韓厥韓厥曰君知厥也乎齊侯曰服改矣
韓厥登舉爵曰臣之不敢愛死爲兩君之在此

堂也
○荀罃之在楚也鄭賈人有將寘諸褚中以出既謀之未行而楚人歸之賈人如晉荀罃善視之如實出已賈人曰吾無其功敢有其實乎吾小人不可以厚誣君子遂適齊
四年春宋公使華元來聘
四年春宋華元來聘通嗣君也
三月壬申鄭伯堅卒
杞伯來朝

杞伯來朝歸叔姬故也
夏四月甲寅臧孫許卒
公如晉
夏公如晉晉侯見公不敬季文子曰晉侯必不
免詩曰敬之敬之天惟顯思命不易哉夫晉侯
之命在諸侯矣可不敬乎
葬鄭襄公
秋公至自晉
秋公至自晉欲求成于楚而叛晉季文子曰不

可晉雖無道未可叛也國大臣睦而邇於我諸侯聽焉未可以貳史佚之志有之曰非我族類其心必異楚雖大非吾族也其肯字我乎公乃止

冬城鄆

鄭伯伐許

冬十一月鄭公孫申帥師疆許田許人敗諸展陂鄭伯伐許取鉏任泠敦之田晉欒書將中軍荀首佐之士燮佐上軍以救許伐鄭取氾祭楚

宜入下年

子反救鄭鄭伯與許男訟焉皇戌攝鄭伯之辭子反不能決也曰君若辱在寡君寡君與其二三臣共聽兩君之所欲成其可知也不然側不足以知二國之成

○晉趙嬰通于趙莊姬

五年春王正月杞叔姬來歸

○五年春原屏放諸齊嬰曰我在故欒氏不作我亡吾二昆其憂哉且人各有能有不能舍我何害弗聽嬰夢天使謂已祭余余福女使問諸士

貞伯貞伯曰不識也既而告其人曰神福仁而禍淫淫而無罰福也祭其得亡乎祭之之明日而亡

仲孫蔑如宋

孟獻子如宋報華元也

夏叔孫僑如會晉荀首于穀

夏晉荀首如齊逆女故宣伯餫諸穀

梁山崩

梁山崩晉侯以傳召伯宗伯宗辟重曰辟傳傳重

人曰待我不如捷之速也問其所曰絳人也問絳事焉曰梁山崩將召伯宗謀之問將若之何曰山有朽壤而崩可若何國主山川故山崩川竭君爲之不舉降服乘縵徹樂出次祝幣史辭以禮焉其如此而已雖伯宗若之何伯宗請見之不可遂以告而從之

秋大水

○許靈公愬鄭伯于楚六月鄭悼公如楚訟不勝楚人執皇戌及子國故鄭伯歸使公子偃請成

于晉秋八月鄭伯及晉趙同盟于垂棘

○宋公子圍龜爲質于楚而歸華元享之請鼓譟以出鼓譟以復入曰習攻華氏宋公殺之

冬十有一月己酉天王崩

十一月己酉定王崩

十有二月己丑公會晉侯齊侯宋公衛侯鄭伯曹伯邾子杞伯同盟于蟲牢

冬同盟于蟲牢鄭服也諸侯謀復會宋公使向爲人辭以子靈之難

六年春王正月公至自會

○六年春鄭伯如晉拜成子游相授玉于東楹之東士貞伯曰鄭伯其死乎自弃也已視流而行速不安其位宜不能久

二月辛巳立武宮

二月季文子以鞌之功立武宮非禮也聽於人以救其難不可以立武立武由已非由人也

取鄟

取鄟言易也

衞孫良夫帥師侵宋

三月晉伯宗夏陽說衞孫良夫甯相鄭人伊雒之戎陸渾蠻氏侵宋以其辭會也師于鍼衞人不保說欲襲衞曰雖不可入多俘而歸有罪不及死伯宗曰不可衞唯信晉故師在其郊而不設備若襲之是弃信也雖多衞俘而晉無信何以求諸侯乃止師還衞人登陴

○晉人謀去故絳諸大夫皆曰必居郇瑕氏之地沃饒而近盬國利君樂不可失也韓獻子將新

乎實
文不甚華然
亦不寥寂

中軍且爲僕大夫公揖而入獻子從公立於寢庭謂獻子曰何如對曰不可郇瑕氏土薄水淺其惡易覯易覯則民愁民愁則墊隘於是乎有沈溺重膇之疾不如新田土厚水深居之不疾有汾澮以流其惡且民從教十世之利也夫山澤林鹽國之寶也國饒則民驕佚近寶公室乃貧不可謂樂公說從之夏四月丁丑晉遷于新田

夏六月邾子來朝

公孫嬰齊如晉

子叔聲伯如晉命伐宋

壬申鄭伯費卒

六月鄭悼公卒

秋仲孫蔑叔孫僑如帥師侵宋

秋孟獻子叔孫宣伯侵宋晉命也

楚公子嬰齊帥師伐鄭

楚子重伐鄭鄭從晉故也

冬季孫行父如晉

論得盡亦婉委有致但精覺磅而不動

冬季文子如晉賀遷也

晉欒書帥師救鄭

晉欒書救鄭與楚師遇於繞角楚師還晉師遂侵蔡楚公子申公子成以申息之師救蔡禦諸桑隧趙同趙括欲戰請於武子武子將許之知莊子范文子韓獻子諫曰不可吾來救鄭楚師去我吾遂至於此是遷戮也戮而不已又怒楚師戰必不克雖克不令成師以出而敗楚之二縣何榮之有焉若不能敗爲辱已甚不如還也

亦有調

意精

乃遂還於是軍帥之欲戰者衆或謂欒武子曰聖人與衆同欲是以濟事子盍從衆子爲大政將酌於民者也子之佐十一人其不欲戰者三人而已欲戰者可謂衆矣商書曰三人占從二人衆故也武子曰善鈞從衆夫善衆之主也三卿爲主可謂衆矣從之不亦可乎

七年春王正月鼷鼠食郊牛角改卜牛鼷鼠又食其角乃免牛

吳伐郯

七年春吳伐郯郯成季文子曰中國不振旅蠻
夷入伐而莫之或恤無弔者也夫詩曰不弔昊
天亂靡有定其此之謂乎有上不弔其誰不受
亂吾亡無日矣君子曰知懼如是斯不亡矣
○鄭子良相成公以如晉見且拜師
夏五月曹伯來朝
夏曹宣公來朝
不郊猶三望
秋楚公子嬰齊帥師伐鄭公會晉侯齊侯宋公衞

侯曹伯莒子邾子杞伯救鄭八月戊辰同盟于馬
陵

秋楚子重伐鄭師于氾諸侯救鄭鄭共仲侯羽
軍楚師囚鄖公鍾儀獻諸晉八月同盟于馬陵
尋蟲牢之盟且莒服故也晉人以鍾儀歸囚諸
軍府

公至自會

吳入州來

楚圍宋之役師還子重請取於申呂以爲賞田

敘事錬核有力

王許之申公巫臣曰不可此申呂所以邑也是以爲賦以御北方若取之是無申呂也晉鄭必至于漢王乃止子重是以怨巫臣子反欲取夏姬巫臣止之遂取以行子反亦怨之及共王卽位子重子反殺巫臣之族子閻子蕩及淸尹弗忌及襄老之子黑要而分其室子重取子閻之室使沈尹與王子罷分子蕩之室子反取黑要與淸尹之室巫臣自晉遺二子書曰爾以讒慝貪惏事君而多殺不辜余必使爾罷於奔命以

死巫臣請使於吳晉侯許之吳子壽夢說之乃通吳于晉以兩之一卒適吳舍偏兩之一焉與其射御教吳乘車教之戰陳教之叛楚寘其子狐庸焉使爲行人於吳吳始伐楚伐巢伐徐子重奔命馬陵之會吳入州來子重自鄭奔命子重子反於是乎一歲七奔命蠻夷屬於楚者吳盡取之是以始大通吳於上國

冬大雩

衛孫林父出奔晉

衛定公惡孫林父冬孫林父出奔晉衛侯如晉

晉反戚焉

八年春晉侯使韓穿來言汶陽之田歸之于齊

八年春晉侯使韓穿來言汶陽之田歸之于齊

季文子餞之私焉曰大國制義以爲盟主是以

諸侯懷德畏討無有貳心謂汶陽之田敝邑之

舊也而用師於齊使歸諸敝邑今有二命曰歸

諸齊信以行義義以成命小國所望而懷也信

不可知義無所立四方諸侯其誰不解體詩曰

兩層意緊接相應甚勁有勢

簡語有致

女也不爽士貳其行士也罔極二三其德七年之中一與一奪二三孰甚焉士之二三猶喪妃耦而況霸王霸王將德是以而二三之其何以長有諸侯乎詩曰猶之未遠是用大簡行父懼晉之不遠猶而失諸侯也是以敢私言之

晉欒書帥師侵蔡

晉欒書侵蔡遂侵楚獲申驪楚師之還也晉侵沈獲沈子揖初從知韓范也君子曰從善如流宜哉詩曰愷悌君子遐不作人求善也夫作人

斯有功績矣是行也鄭伯將會晉師門于許東門大獲焉

公孫嬰齊如莒

聲伯如莒逆也

宋公使華元來聘

宋華元來聘聘共姬也

夏宋公使公孫壽來納幣

夏宋公使公孫壽來納幣禮也

晉殺其大夫趙同趙括

好句

晉趙莊姬爲趙嬰之亡故譖之于晉侯曰原屏將爲亂欒郤爲徵六月晉討趙同趙括武從姬氏畜于公宮以其田與祁奚韓厥言於晉侯曰成季之勳宣孟之忠而無後爲善者其懼矣三代之令王皆數百年保天之祿夫豈無辟王賴前哲以免也周書曰不敢侮鰥寡所以明德也乃立武而反其田焉

秋七月天子使召伯來賜公命

秋召桓公來賜公命

語簡而勁有力

思縱二字如略覺生

○晉侯使申公巫臣如吴假道于莒與渠丘公立於池上曰城已惡莒子曰辟陋在夷其孰以我爲虞對曰夫狡焉思啟封疆以利社稷者何國蔑有唯然故多大國矣唯或思或縱也（急句緩承甚有妙）勇夫重閉况國乎

冬十月癸卯杞叔姬卒

冬杞叔姬卒來歸自杞故書

晉侯使士燮來聘叔孫僑如會晉士燮齊人邾人伐郯

春秋左傳

晉士燮來聘言伐郯也以其事吳故公賂之請緩師文子不可曰君命無貳失信不立禮無加貨事無貳成君後諸侯是寡君不得事君也燮將復之季孫懼使宣伯帥師會伐郯

衞人來媵

衞人來媵共姬禮也凡諸侯嫁女同姓媵之異姓則否

九年春王正月杞伯來逆叔姬之喪以歸

九年春杞桓公來逆叔姬之喪請之也杞叔姬

卒爲杞故也逆叔姬爲我也

公會晉侯齊侯宋公衛侯鄭伯曹伯莒子杞伯同盟于蒲

爲歸汶陽之田故諸侯貳於晉晉人懼會於蒲以尋馬陵之盟季文子謂范文子曰德則不競尋盟何爲范文子曰勤以撫之寛以待之堅彊以御之明神以要之柔服而伐貳德之次也是行也將始會吴吴人不至

公至自會

有境

辭命

二月伯姬歸于宋

二月伯姬歸于宋

○楚人以重賂求鄭鄭伯會楚公子成于鄧

夏季孫行父如宋致女

夏季文子如宋致女復命公享之賦韓奕之五章穆姜出于房再拜曰大夫勤辱不忘先君以及嗣君施及未亡人先君猶有望也敢拜大夫之重勤又賦綠衣之卒章而入

晉人來媵

語文而態宛然

晉人來媵禮也

秋七月丙子齊侯無野卒

晉人執鄭伯　晉欒書帥師伐鄭

秋鄭伯如晉晉人討其貳於楚也執諸銅鞮欒書伐鄭鄭人使伯蠲行成晉人殺之非禮也兵交使在其間可也楚子重侵陳以救鄭

○晉侯觀于軍府見鍾儀問之曰南冠而縶者誰也有司對曰鄭人所獻楚囚也使稅之召而弔之再拜稽首問其族對曰泠人也公曰能樂乎

對曰先父之職官也敢有二事使與之琴操南音公曰君王何如對曰非小人之所得知也固問之對曰其爲大子也師保奉之以朝于嬰齊而夕于側也不知其他公語范文子文子曰楚囚君子也言稱先職不背本也樂操土風不忘舊也稱大子抑無私也名其二卿尊君也不背本仁也不忘舊信也無私忠也尊君敏也仁以接事信以守之忠以成之敏以行之事雖大必濟君盍歸之使合晉楚之成公從之重爲之禮

使歸求成

冬十有一月葬齊頃公

楚公子嬰齊帥師伐莒庚申莒潰　楚人入鄆

冬十一月楚子重自陳伐莒圍渠丘渠丘城惡衆潰奔莒戊申楚入渠丘莒人囚楚公子平楚人曰勿殺吾歸而俘莒人殺之楚師圍莒莒城亦惡庚申莒潰楚遂入鄆莒無備故也君子曰恃陋而不備罪之大者也備豫不虞善之大者也莒恃其陋而不脩城郭浹辰之間而楚克其

婉而廉

簡便

三都無備也夫詩曰雖有絲麻無弃菅蒯雖有
姬姜無弃蕉萃凡百君子莫不代匱言備之不
可以已也
秦人白狄伐晉
秦人白狄伐晉諸侯貳故也
鄭人圍許
鄭人圍許示晉不急君也是則公孫申謀之曰
我出師以圍許爲將改立君者而紓晉使晉必
歸君

城中城

城中城、書時也、

○十二月、楚子使公子辰如晉、報鍾儀之使、請脩好結成、

十年

○十年、春、晉侯使糴茷如楚、報大宰子商之使也

春、衛侯之弟黑背帥師侵鄭

衛子叔黑背侵鄭、晉命也、

夏四月、五卜郊、不從、乃不郊

五月公會晉侯齊侯宋公衛侯曹伯伐鄭

鄭公子班聞叔申之謀三月子如立公子繻夏四月鄭人殺繻立髡頑子如奔許欒武子曰鄭人立君我執一人焉何益不如伐鄭而歸其君以求成焉晉侯有疾五月晉立大子州蒲以爲君而會諸侯伐鄭鄭子罕賂以襄鐘子然盟于脩澤子駟爲質辛巳鄭伯歸

齊人來媵

丙午晉侯獳卒

事近語怪然却敘得嚴核可玩以細曲妙

一新妙

精奇

三驗處大有濃色

實

晉侯夢大厲被髮及地搏膺而踊曰殺余孫不義余得請於帝矣壞大門及寢門而入公懼入于室又壞戶公覺召桑田巫巫言如夢公曰何如曰不食新矣公疾病求醫于秦秦伯使醫緩爲之未至公夢疾爲二豎子曰彼良醫也懼傷我焉逃之其一曰居肓之上膏之下若我何醫至曰疾不可爲也在肓之上膏之下攻之不可達之不及藥不至焉不可爲也公曰良醫也厚爲之禮而歸之六月丙午晉侯欲麥使甸人獻

巧

又出此一奇
儻来

麥饋人爲之召桑田巫示而殺之將食張如厠陷而卒小臣有晨夢負公以登天及日中負晉侯出諸厠遂以爲殉

○鄭伯討立君者戊申殺叔申叔禽君子曰忠爲令德非其人猶不可况不令乎

秋七月公如晉

秋公如晉晉人止公使送葬於是糴茷未反冬葬晉景公公送葬諸侯莫在魯人辱之故不書諱之也

瑣事敘得有致淡而腴

冬十月

十有一年春王三月公至自晉

十一年春王三月公至自晉晉人以公爲貳於楚故止公公請受盟而後使歸

晉侯使郤犫來聘己丑及郤犫盟

郤犫來聘且涖盟聲伯之母不聘穆姜曰吾不以妾爲姒生聲伯而出之嫁於齊管于奚生二子而寡以歸聲伯聲伯以其外弟爲大夫而嫁其外妹於施孝叔郤犫來聘求婦於聲伯聲伯

奪施氏婦以與之婦人曰鳥獸猶不失儷子將若何曰吾不能死亡婦人遂行生二子於郤氏郤氏亡晉人歸之施氏施氏逆諸河沈其二子婦人怒曰巳不能庇其伉儷而亡之又不能字人之孤而殺之將何以終遂誓施氏

夏季孫行父如晉

夏季文子如晉報聘且涖盟也

○周公楚惡惠襄之偪也且與伯與爭政不勝怒而出及陽樊王使劉子復之盟于鄄而入三日

欲爭勁而御
遂覺態譏

復出奔晉

秋叔孫僑如如齊

秋宣伯聘於齊以脩前好

○晉郤至與周爭鄇田王命劉康公單襄公訟諸晉郤至曰溫吾故也故不敢失劉子單子曰昔周克商使諸侯撫封蘇忿生以溫爲司寇與檀伯達封于河蘇氏即狄又不能於狄而奔衞襄王勞文公而賜之溫狐氏陽氏先處之而後及子若治其故則王官之邑也子安得之晉侯使

郤至勿敢爭

冬十月

○宋華元善於令尹子重又善於欒武子聞楚人旣許晉糴茷成而使歸復命矣冬華元如楚遂如晉合晉楚之成

○秦晉爲成將會于令狐晉侯先至焉秦伯不肯涉河次于王城使史顆盟晉侯于河東晉郤犫盟秦伯于河西范文子曰是盟也何益齊盟所以質信也會所信之始也始之不從其可質乎

秦伯歸而背晉成

十有二年春周公出奔晉

十二年春王使以周公之難來告書曰周公出奔晉凡自周無出周公自出故也

夏公會晉侯衛侯于瑣澤

宋華元克合晉楚之成夏五月晉士燮會楚公子罷許偃癸亥盟于宋西門之外曰凡晉楚無相加戎好惡同之同恤菑危備救凶患若有害楚則晉伐之在晉楚亦如之交贄往來道路無

壅謀其不協而討不庭有渝此盟明神殛之俾隊其師無克胙國鄭伯如晉聽成會于瑣澤成故也

秋晉人敗狄于交剛

狄人閒宋之盟以侵晉而不設備秋晉人敗狄于交剛

冬十月

○晉郤至如楚聘且涖盟楚子享之子反相爲地室而縣焉郤至將登金奏作於下驚而走出子

亦腴暢而未精妙

反曰日云莫矣寡君須矣吾子其入也賓曰君不忘先君之好施及下臣貺之以大禮重之以備樂如天之福兩君相見何以代此下臣不敢子反曰如天之福兩君相見無亦唯是一矢以相加遺焉用樂寡君須矣吾子其入也賓曰若讓之以一矢禍之大者其何福之為世之治也諸侯閒於天子之事則相朝也於是乎有享宴之禮享以訓共儉宴以示慈惠共儉以行禮而慈惠以布政政以禮成民是以息百官承事朝

而不久此公侯之所以扞城其民也故詩曰赳赳武夫公侯干城及其亂也諸侯貪冒侵欲不忌爭尋常以盡其民略其武夫以爲己腹心股肱爪牙故詩曰赳赳武夫公侯腹心天下有道則公侯能爲民干城而制其腹心亂則反之今吾子之言亂之道也不可以爲法然吾子主也至敢不從遂入卒事歸以語范文子文子曰無禮必食言吾死無日矣夫

○冬楚公子罷如晉聘且涖盟十二月晉侯及楚

公子罷盟于赤棘

十有三年春晉侯使郤錡來乞師

十三年春晉侯使郤錡來乞師將事不敬孟獻子曰郤氏其亡乎禮身之幹也敬身之基也郤子無基且先君之嗣卿也受命以求師將社稷是衞而惰弃君命也不亡何爲

三月公如京師　夏五月公自京師遂會晉侯齊侯宋公衞侯鄭伯曹伯邾人滕人伐秦　曹伯盧卒于師

三月公如京師宣伯欲賜請先使王以行人之禮禮焉孟獻子從王以爲介而重賄之公及諸侯朝王遂從劉康公成肅公會晉侯伐秦成子受脤于社不敬劉子曰吾聞之民受天地之中以生所謂命也是以有動作禮義威儀之則以定命也能者養之以福不能者敗以取禍是故君子勤禮小人盡力勤禮莫如致敬盡力莫如敦篤敬在養神篤在守業國之大事在祀與戎祀有執膰戎有受脤神之大節也今成子惰弃

通篇俱是造作出語言最為工鍊敘事婉曲有條理其字法細其句法古其章法整其篇法容論之數十過不厭在辭命中又別是一種格調於古今罕有兩真可謂神品

其命矣其不反乎夏四月戊午晉侯使呂相絕秦曰昔逮我獻公及穆公相好戮力同心申之以盟誓重之以昏姻天禍晉國文公如齊惠公如秦無祿獻公即世穆公不忘舊德俾我惠公用能奉祀于晉又不能成大勳而為韓之師亦悔于厥心用集我文公是穆之成也文公躬擐甲冑跋履山川踰越險阻征東之諸侯虞夏商周之胤而朝諸秦則亦既報舊德矣鄭人怒君之疆埸我文公帥諸侯及秦圍鄭秦大夫不詢

于我寡君擅及鄭盟諸侯疾之將致命于秦文公恐懼綏靜諸侯秦師克還無害則是我有大造于西也無祿文公即世穆爲不弔蔑死我君寡我襄公迭我殽地奸絕我好伐我保城殄滅我費滑散離我兄弟撓亂我同盟傾覆我國家我襄公未忘君之舊勳而懼社稷之隕是以有殽之師猶願赦罪于穆公穆公弗聽而即楚謀我天誘其衷成王隕命穆公是以不克逞志于我穆襄即世康靈即位康公我之自出又欲闕

翦我公室傾覆我社稷帥我蝥賊以來蕩搖我
邊疆我是以有令狐之役康猶不悛入我河曲
伐我涑川俘我王官翦我羈馬我是以有河曲
之戰東道之不通則是康公絕我好也及君之
嗣也我君景公引領西望曰庶撫我乎君亦不
惠稱盟利吾有狄難入我河縣焚我箕郜芟夷
我農功虔劉我邊垂我是以有輔氏之聚君亦
悔禍之延而欲徼福于先君獻穆使伯車來命
我景公曰吾與女同好弃惡復脩舊德以追念

前勲言誓未就景公卽世我寡君是以有令狐之會君又不祥背棄盟誓白狄及君同州君之仇讎而我昏姻也君來賜命曰吾與女伐狄寡君不敢顧昏姻畏君之威而受命于吏君有二心於狄曰晉將伐女狄應且憎是用告我楚人惡君之二三其德也亦來告我曰秦背令狐之盟而來求盟于我昭告昊天上帝秦三公楚三王曰余雖與晉出入余唯利是視不穀惡其無成德是用宣之以懲不壹諸侯備聞此言斯是

用痛心疾首暱就寡人寡人帥以聽命唯好是
求君若惠顧諸侯矜哀寡人而賜之盟則寡人
之願也其承寧諸侯以退豈敢徼亂君若不施
大惠寡人不佞其不能以諸侯退矣敢盡布之
執事俾執事實圖利之秦桓公既與晉厲公爲
令狐之盟而又召狄與楚欲道以伐晉諸侯是
以睦於晉晉欒書將中軍荀庚佐之士燮將上
軍郤錡佐之韓厥將下軍荀罃佐之趙旃將新
軍郤至佐之郤毅御戎欒鍼爲右孟獻子曰晉

帥乘和師必有大功五月丁亥晉師以諸侯之師及秦師戰于麻隧秦師敗績獲秦成差及不更女父曹宣公卒于師師遂濟涇及侯麗而還迓晉侯于新楚成肅公卒于瑕

○六月丁卯夜鄭公子班自訾求入于大宮不能殺子印子羽反軍于市己巳子駟帥國人盟于大宮遂從而盡焚之殺子如子駹孫叔孫知

秋七月公至自伐秦

冬葬曹宣公

曹人使公子負芻守使公子欣時逆曹伯之喪秋負芻殺其大子而自立也諸侯乃請討之晉人以其役之勞請俟他年冬葬曹宣公既葬子臧將亡國人皆將從之成公乃懼告罪且請焉乃反而致其邑

十有四年春王正月莒子朱卒

夏衛孫林父自晉歸于衛

十四年春衛侯如晉晉侯強見孫林父焉定公不可夏衛侯既歸晉侯使郤犫送孫林父而見

之衛侯欲辭定姜曰不可是先君宗卿之嗣也大國又以爲請不許將亡雖惡之不猶愈於亡乎君其忍之安民而宥宗卿不亦可乎衛侯見而復之衛侯饗苦成叔甯惠子相苦成叔傲甯子曰苦成家其亡乎古之爲享食也以觀威儀省禍福也故詩曰兕觥其觩旨酒思柔彼交匪傲萬福來求今夫子傲取禍之道也

秋叔孫僑如如齊逆女

秋宣伯如齊逆女稱族尊君命也

句鍊妙

說經文細者入無倫此稱含蓋志而晦

鄭公子喜帥師伐許

八月鄭子罕伐許敗焉戊戌鄭伯復伐許庚子入其郛許人平以叔申之封

九月僑如以夫人婦姜氏至自齊

九月僑如以夫人婦姜氏至自齊舍族尊夫人也故君子曰春秋之稱微而顯志而晦婉而成章盡而不汙懲惡而勸善非聖人誰能脩之

冬十月庚寅衛侯臧卒

衛侯有疾使孔成子甯惠子立敬姒之子衎以

語工鍊

曲有致

春秋左傳

爲大子冬十月衛定公卒夫人姜氏既哭而息見大子之不哀也不內酌飲歎曰是夫也將不唯衛國之敗其必始於未亡人烏呼天禍衛國也夫吾不獲鱄也使主社稷大夫聞之無不聳懼孫文子自是不敢舍其重器於衛盡寘諸戚而甚善晉大夫

秦伯卒

十有五年春王二月葬衛定公

三月乙巳仲嬰齊卒

癸丑公會晉侯衛侯鄭伯曹伯宋世子成齊國佐邾人同盟于戚

晉侯執曹伯歸于京師

十五年春會于戚討曹成公也執而歸諸京師書曰晉侯執曹伯不及其民也凡君不道於其民諸侯討而執之則曰某人執某侯不然則否諸侯將見子臧於王而立之子臧辭曰前志有之曰聖達節次守節下失節爲君非吾節也雖不能聖敢失守乎遂逃奔宋

公至自會

夏六月宋公固卒

夏六月宋共公卒

楚子伐鄭

楚將北師子囊曰新與晉盟而背之無乃不可乎子反曰敵利則進何盟之有申叔時老矣在申聞之曰子反必不免信以守禮禮以庇身信禮之亡欲免得乎楚子侵鄭及暴隧遂侵衛及首止鄭子罕侵楚取新石欒武子欲報楚韓獻子曰無庸使重其罪民將叛之無民孰戰

凡記宋事必備述六卿名他國則否想取宋史舊文

排得有情

秋八月庚辰葬宋共公　宋華元出奔晉宋華元自晉歸于宋宋殺其大夫山宋魚石出奔楚

秋八月葬宋共公於是華元爲右師魚石爲左師蕩澤爲司馬華喜爲司徒公孫師爲司城向爲人爲大司寇鱗朱爲少司寇向帶爲大宰魚府爲少宰蕩澤弱公室殺公子肥華元曰我爲右師君臣之訓師所司也今公室卑而不能正吾罪大矣不能治官敢賴寵乎乃出奔晉二華戴族也司城莊族也六官者皆桓族也魚石將

有此輾轉但敘得明淨雖無奇態亦自濃

又得此奇助色

止華元魚府曰右師反必討是無桓氏也魚石曰右師苟獲反雖許之討必不敢且多大功國人與之不反懼桓氏之無祀於宋也右師討猶有戌在桓氏雖亡必偏魚石自止華元于河上請討許之乃反使華喜公孫師帥國人攻蕩氏殺子山書曰宋殺其大夫山言背其族也魚石向爲人鱗朱向帶魚府出舍於睢上華元使止之不可冬十月華元自止之不可乃反魚府曰今不從不得入矣右師視速而言疾有異志焉

光景妙

若不我納今將馳矣登丘而望之則馳騁而從之則決睢澨閉門登陴矣左師二司寇二宰遂出奔楚華元使向戌爲左師老佐爲司馬樂裔爲司寇以靖國人

○晉三郤害伯宗譖而殺之及欒弗忌伯州犁奔楚韓獻子曰郤氏其不免乎善人天地之紀也而驟絕之不亡何待初伯宗每朝其妻必戒之曰盜憎主人民惡其上子好直言必及於難

冬十有一月叔孫僑如會晉士燮齊高無咎宋華

元衞孫林父鄭公子鰌邾人會吳于鍾離
十一月會吳于鍾離始通吳也
許遷于葉
許靈公畏偪于鄭請遷于楚辛丑楚公子申遷
許于葉
十有六年春王正月雨木氷
○十六年春楚子自武城使公子成以汝陰之田
求成于鄭鄭叛晉子駟從楚子盟于武城
夏四月辛未滕子卒

夏四月滕文公卒

鄭公子喜帥師侵宋

鄭子罕伐宋宋將鉏樂懼敗諸汋陂退舍於夫渠不儆鄭人覆之敗諸汋陵獲將鉏樂懼宋恃勝也

六月丙寅朔日有食之

○衞侯伐鄭至于鳴鴈爲晉故也

晉侯使欒黶來乞師　甲午晦晉侯及楚子鄭伯戰于鄢陵楚子鄭師敗績　楚殺其大夫公子側

史賊出論若顛倒是非其峰甚峭而不言其故此一句人情國勢俱盡矣何須多語

晉侯將伐鄭范文子曰若逞吾願諸侯皆叛晉可以逞若唯鄭叛晉國之憂可立俟也欒武子曰不可以當吾世而失諸侯必伐鄭乃興師欒書將中軍士燮佐之郤錡將上軍荀偃佐之韓厥將下軍郤至佐新軍荀罃居守郤犨如衛遂如齊皆乞師焉欒黶來乞師孟獻子曰有勝矣戊寅晉師起鄭人聞有晉師使告于楚姚句耳與往楚子救鄭司馬將中軍令尹將左右尹子辛將右過申子反入見申叔時曰師其何如對

語帶而勢散全無鍊法

曰德刑詳義禮信戰之器也德以施惠刑以正邪詳以事神義以建利禮以順時信以守物民生厚而德正用利而事節時順而物成上下和睦周旋不逆求無不具各知其極故詩曰立我烝民莫匪爾極是以神降之福時無災害民生敦厖和同以聽莫不盡力以從上命致死以補其闕此戰之所由克也今楚內棄其民而外絕其好瀆齊盟而食話言奸時以動而疲民以逞民不知信進退罪也人恤所厎其誰致死子其

此方露本意

文語可玩

勉之吾不復見子矣姚句耳先歸子駟問焉對曰其行速過險而不整速則失志不整喪列志失列喪將何以戰楚懼不可用也五月晉師濟河聞楚師將至范文子欲反曰我偽逃楚可以紓憂夫合諸侯非吾所能也以遺能者我若羣臣輯睦以事君多矣武子曰不可六月晉楚遇於鄢陵范文子不欲戰郤至曰韓之戰惠公不振旅箕之役先軫不反命邲之師荀伯不復從皆晉之恥也子亦見先君之事矣今我辟楚又

大論晉尚未陳楚衆直逼臨晉軍若使晉無隙措手故曰壓是以范宣子進陳于軍中之計欒伯欲固壘而待

益恥也文子曰吾先君之亟戰也有故秦狄齊楚皆彊不盡力子孫將弱今三彊服矣敵楚而已唯聖人能內外無患自非聖人外寧必有內憂盍釋楚以爲外懼乎甲午晦楚晨壓晉軍而陳軍吏患之范匄趨進曰塞井夷竈陳於軍中而疏行首晉楚唯天所授何患焉文子執戈逐之曰國之存亡天也童子何知焉欒書曰楚師輕窕固壘而待之三日必退退而擊之必獲勝焉郤至曰楚有六間不可失也其二卿相惡王

六間上六句已盡此下又是總上意申說

千古奇事亦千古奇敘真是神品

卒以舊鄭陳而不整蠻軍而不陳陳不違晦在陳而囂合而皆囂各顧其後莫有鬭心舊不必良以犯天忌我必克之楚子登巢車以望晉軍子重使大宰伯州犂侍于王後王曰騁而左右何也曰召軍吏也皆聚於中軍矣曰合謀也張幕矣曰虔卜於先君也徹幕矣曰將發命也甚囂且塵上矣曰將塞井夷竈而爲行也皆乘矣左右執兵而下矣曰聽誓也戰乎曰未可知也乘而左右皆下矣曰戰禱也伯州犂以公卒告

王苗賁皇在晉侯之側亦以王卒告皆曰國士在且厚不可當也苗賁皇言於晉侯曰楚之良在其中軍王族而已請分良以擊其左右而三軍萃於王卒必大敗之公筮之史曰吉其卦遇復䷗曰南國蹙射其元王中厥目國蹙王傷不敗何待公從之有淖於前乃皆左右相違於淖步毅御晉厲公欒鍼爲右彭名御楚共王潘黨爲右石首御鄭成公唐苟爲右欒范以其族夾公行陷於淖欒書將載晉侯鍼曰書退國有大

追敘乃用于支紀出但見此

複出此奇

任焉得專之且侵官冒也失官慢也離局姦也有三罪焉不可犯也乃掀公以出於淖癸巳潘尫之黨與養由基蹲甲而射之徹七札焉以示王曰君有二臣如此何憂於戰王怒曰大辱國詰朝爾射死藝呂錡夢射月中之退入於泥占之曰姬姓日也異姓月也必楚王也射而中之退入於泥亦必死矣及戰射共王中目王召養由基與之兩矢使射呂錡中項伏弢以一矢復命郤至三遇楚子之卒見楚子必下免冑而趨

妙○有○致○

雖命

鄭事作三層
詖

風楚子使工尹襄問之以弓曰方事之殷也有韎韋之跗注君子也識見不穀而趨無乃傷乎郤至見客免胄承命曰君之外臣至從寡君之戎事以君之靈閒蒙甲胄不敢拜命敢告不寧君命之辱爲事之故敢肅使者三肅使者而退晉韓厥從鄭伯其御杜溷羅曰速從之其御屢顧不在馬可及也韓厥曰不可以再辱國君乃止郤至從鄭伯其右茀翰胡曰諜輅之余從之乘而俘以下郤至曰傷國君有刑亦止石首曰

奇不盡又復
歎山

衞懿公唯不去其旗是以敗於熒乃內旌於弢中唐苟謂石首曰子在君側敗者壹大我不如子子以君免我請止乃死楚師薄於險叔山冉謂養由基曰雖君有命爲國故子必射乃射再發盡殪叔山冉搏人以投中車折軾晉師乃止囚楚公子茷欒鍼見子重之旌請曰楚人謂夫旌子重之麾也彼其子重也日臣之使於楚也子重問晉國之勇臣對曰好以衆整曰又何如臣對曰好以暇今兩國治戎行人不使不可謂

攝蓋是遣人代往杜註攝持也

辭命

上三字句此四字句是略變文蓋亦避太方

整臨事而食言不可謂暇請攝飲焉公許之使行人執榼承飲造于子重曰寡君乏使使鍼御持矛是以不得犒從者使某攝飲子重曰夫子嘗與吾言於楚必是故也不亦識乎受而飲之免使者而復鼓旦而戰見星未已子反命軍吏察夷傷補卒乘繕甲兵展車馬雞鳴而食唯命是聽晉人患之苗賁皇徇曰蒐乘補卒秣馬利兵脩陳固列蓐食申禱明日復戰乃逸楚囚王聞之召子反謀穀陽豎獻飲於子反子反醉而

緩而峻

直

不能見王曰天敗楚也夫余不可以待乃宵遁晉入楚軍三日穀范文子立於戎馬之前曰君幼諸臣不佞何以及此君其戒之周書曰惟命不于常有德之謂楚師還及瑕王使謂子反曰先大夫之覆師徒者君不在子無以爲過不穀之罪也子反再拜稽首曰君賜臣死死且不朽臣之卒實奔臣之罪也子重使謂子反曰初隕師徒者而亦聞之矣盍圖之對曰雖微先大夫有之大夫命側側敢不義側亡君師敢忘其死

敘事簡鍊以委曲情多遂覺語精

王使止之弗及而卒

秋公會晉侯齊侯衛侯宋華元邾人于沙隨不見公

戰之日齊國佐高無咎至于師衛侯出于衛公出于壞隤宣伯通於穆姜欲去季孟而取其室將行穆姜送公而使逐二子公以晉難告曰請反而聽命姜怒公子偃公子鉏趨過指之曰女不可是皆君也公待於壞隤申宮儆備設守而後行是以後使孟獻子守于公宮秋會于沙隨

君卒而太子又見殺故云憂未弭
有罪即頂上先君未總是辭命借語法

謀伐鄭也宣伯使告郤犨曰魯侯待于壞隤以待勝者郤犨將新軍且爲公族大夫以主東諸侯取貨于宣伯而訴公于晉侯晉侯不見公

公至自會

○曹人請于晉曰自我先君宣公卽世國人曰若之何憂猶未弭而又討我寡君以亡曹國社稷之鎮公子是大泯曹也先君無乃有罪乎若有罪則君列諸會矣君唯不遺德刑以伯諸侯豈獨遺諸敝邑敢私布之

公會尹子晉侯齊國佐邾人伐鄭

七月公會尹武公及諸侯伐鄭將行姜又命公如初公又申守而行諸侯之師次于鄭西我師次于督揚不敢過鄭子叔聲伯使叔孫豹請逆于晉師爲食於鄭郊師逆以至聲伯四日不食以待之食使者而後食諸侯遷于制田知武子佐下軍以諸侯之師侵陳至于鳴鹿遂侵蔡未反諸侯遷于潁上戊午鄭子罕宵軍之宋齊衞皆失軍

曹伯歸自京師

曹人復請于晉晉侯謂子臧反吾歸而君子臧反曹伯歸子臧盡致其邑與卿而不出

九月晉人執季孫行父舍之于苕丘　冬十月乙亥叔孫僑如出奔齊　十有二月乙丑季孫行父及晉郤犨盟于扈　公至自會　乙酉刺公子偃

宣伯使告郤犨曰魯之有季孟猶晉之有欒范也政令於是乎成今其謀曰晉政多門不可從也寧事齊楚有亡而已蔑從晉矣若欲得志

文勢亦勁

於魯請止行父而殺之我斃蔑也而事晉蔑有貳矣魯不貳小國必睦不然歸必叛矣九月晉人執季文子于苕丘公還待于鄆使子叔聲伯請季孫于晉郤犨曰苟去仲孫蔑而止季孫行父吾與子國親於公室對曰僑如之情子必聞之矣若去蔑與行父是大弃魯國而罪寡君也若猶不弃而惠徼周公之福使寡君得事晉君則夫二人者魯國社稷之臣也若朝亡之魯必夕亡以魯之密邇仇讎亡而為讎治之何及郤

語亦淨然不甚精詞

犨曰吾爲子請邑對曰嬰齊魯之常隸也敢介大國以求厚焉承寡君之命以請若得所請吾子之賜多矣又何求范文子謂欒武子曰季孫於魯相二君矣妾不衣帛馬不食粟可不謂忠乎信讒慝而棄忠良若諸侯何子叔嬰齊奉君命無私謀國家不貳圖其身不忘其君若虛其請是棄善人也子其圖之乃許魯平赦季孫冬十月出叔孫僑如而盟之僑如奔齊十二月季孫及郤犨盟于扈歸刺公子偃召叔孫豹于齊

而立之

○齊聲孟子通僑如使立於高國之閒僑如曰不可以再罪奔衛亦閒於卿

○晉侯使郤至獻楚捷于周與單襄公語驟稱其伐單子語諸大夫曰溫季其亡乎位於七人之下而求掩其上怨之所聚亂之本也多怨而階亂何以在位夏書曰怨豈在明不見是圖將慎其細也今而明之其可乎

十有七年春衛北宮括帥師侵鄭

奇甚

十七年春王正月鄭子駟侵晉虛滑衛北宮括救晉侵鄭至于高氏

夏公會尹子單子晉侯齊侯宋公衛侯曹伯邾人伐鄭

夏五月鄭大子髠頑侯獳爲質於楚楚公子成公子寅戍鄭公會尹武公單襄公及諸侯伐鄭自戲童至于曲洧

○晉范文子反自鄢陵使其祝宗祈死曰君驕侈而克敵是天益其疾也難將作矣愛我者唯祝

亦有簡法

我使我速死無及於難范氏之福也六月戊辰

士燮卒

六月乙酉同盟于柯陵

乙酉同盟于柯陵尋戚之盟也

○楚子重救鄭師于首止諸侯還

秋公至自會

齊高無咎出奔莒

齊慶克通于聲孟子與婦人蒙衣乘輦而入于

閎鮑牽見之以告國武子武子召慶克而謂之

不知亦以只見其有韵此是筆妙然其要亦只在鍊淨

簡而轉折多愈覺瀠然亦敘事佳

慶克久不出而告夫人曰國子謫我夫人怒國子相靈公以會高鮑處守及還將至閉門而索客孟子訴之曰高鮑將不納君而立公子角國子知之秋七月壬寅刖鮑牽而逐高無咎無咎奔莒高弱以盧叛齊人來召鮑國而立之初鮑國去鮑氏而來爲施孝叔臣施氏卜宰匡句須吉施氏之宰有百室之邑與匡句須邑使爲宰以讓鮑國而致邑焉施孝叔曰子實吉對曰能與忠良吉孰大焉鮑國相施氏忠故齊人取以

爲鮑氏後仲尼曰鮑莊子之知不如葵葵猶能衛其足

九月辛丑用郊

晉侯使荀罃來乞師

冬公會單子晉侯宋公衛侯曹伯齊人邾人伐鄭

冬諸侯伐鄭十月庚午圍鄭楚公子申救鄭師于汝上十一月諸侯還

十有一月公至自伐鄭

壬申公孫嬰齊卒于貍脤

以怪見韻
歆有風致

初聲伯夢涉洹或與已瓊瑰食之泣而爲瓊瑰盈其懷從而歌之曰濟洹之水贈我以瓊瑰歸乎歸乎瓊瑰盈吾懷乎懼不敢占也還自鄭壬申至于貍脤而占之曰余恐死故不敢占也今衆繁而從余三年矣無傷也言之之莫而卒

十有二月丁巳朔日有食之

○齊侯使崔杼爲大夫使慶克佐之帥師圍盧國佐從諸侯圍鄭以難請而歸遂如盧師殺慶克以穀叛齊侯與之盟于徐關而復之十二月盧

情事宛曲濃至

疊三語見勢

降使國勝告難于晉待命于淸

邾子貜且卒

晉殺其大夫郤錡郤犨郤至

晉厲公侈多外嬖反自鄢陵欲盡去羣大夫而立其左右胥童以胥克之廢也怨郤氏而嬖於厲公郤錡奪夷陽五田五亦嬖於厲公郤犨與長魚矯爭田執而梏之與其父母妻子同一轅既矯亦嬖於厲公欒書怨郤至以其不從巳而敗楚師也欲廢之使楚公子茷告公曰此戰也

郤至實召寡君以東師之未至也與軍帥之不
具也曰此必敗吾因奉孫周以事君公告欒書
書曰其有焉不然豈其死之不恤而受敵使乎
君盍嘗使諸周而察之郤至聘于周欒書使孫
周見之公使覘之信遂怨郤至厲公田與婦人
先殺而飲酒後使大夫殺郤至奉豕寺人孟張
奪之郤至射而殺之公曰季子欺余厲公將作
難胥童曰必先三郤族大多怨去大族不偪敵
多怨有庸公曰然郤氏聞之郤錡欲攻公曰雖

直寫得如此
委細然却皆
一一有關係
所以味長
逃威杜註謂
郤至不欲稟

死君必危郤至曰人所以立信知勇也信不叛
君知不害民勇不作亂失茲三者其誰與我死
而多怨將安用之君實有臣而殺之其謂君何
我之有罪吾死後矣若殺不辜將失其民欲安
得乎待命而已受君之祿是以聚黨有黨而爭
命罪孰大焉壬午胥童夷羊五帥甲八百將攻
郤氏長魚矯請無用衆公使清沸魋助之抽戈
結衽而僞訟者三郤將謀於榭矯以戈殺駒伯
苦成叔於其位溫季曰逃威也遂趨矯及諸其

君命而死令矯等不以君命而來故欲逃凶賊為害故曰威言可畏也二字終解未快

此段語却迂而不精

無辱是辭命參語即君令所謂不勞之意杜註稍重刼而執之故云辱恐非

車以戈殺之皆尸諸朝胥童以甲劫欒書中行偃於朝矯曰不殺二子憂必及君公曰一朝而尸三卿余不忍益也對曰人將忍君臣聞亂在外爲姦在内爲軌御姦以德御軌以刑不施而殺不可謂德臣偪而不討不可謂刑德刑不立姦軌並至臣請行遂出奔狄公使辭於二子曰寡人有討於郤氏郤氏既伏其辜矣大夫無辱其復職位皆再拜稽首曰君討有罪而免臣於死君之惠也二臣雖死敢忘君德乃皆歸公使

胥童爲卿公遊于匠麗氏欒書中行偃遂執公焉召士匄士匄辭召韓厥韓厥辭曰昔吾畜於趙氏孟姬之讒吾能違兵古人有言曰殺老牛莫之敢尸而況君乎二三子不能事君焉用厥也

楚人滅舒庸

舒庸人以楚師之敗也道吳人圍巢伐駕圍釐虺遂恃吳而不設備楚公子槖師襲舒庸滅之

○閏月乙卯晦欒書中行偃殺胥童民不與郤氏

胥童道君爲亂故皆書曰晉殺其大夫

十有八年春王正月晉殺其大夫胥童

庚申晉弒其君州蒲

十八年春王正月庚申晉欒書中行偃使程滑弒厲公葬之于翼東門之外以車一乘使荀罃士魴逆周子于京師而立之生十四年矣大夫逆于清原周子曰孤始願不及此雖及此豈非天乎抑人之求君使出命也立而不從將安用君二三子用我今日否亦今日共而從君神之

所福也對曰羣臣之願也敢不唯命是聽庚午盟而入館于伯子同氏辛巳朝于武宮逐不臣者七人周子有兄而無慧不能辨菽麥故不可立

齊殺其大夫國佐

齊爲慶氏之難故甲申晦齊侯使士華免以戈殺國佐于內宮之朝師逃于夫人之宮書曰齊殺其大夫國佐弃命專殺以穀叛故也使清人殺國勝國弱來奔王湫奔萊慶封爲大夫慶佐

國語視此更詳敘法略別亦可互觀

爲司寇既齊侯反國弱使嗣國氏禮也

○二月乙酉朔晉悼公即位于朝始命百官施舍已責逮鰥寡振廢滯匡乏困救災患禁淫慝薄賦斂宥罪戾節器用時用民欲無犯時使魏相士魴魏頡趙武爲卿荀家荀會欒黶韓無忌爲公族大夫使訓卿之子弟共儉孝弟使士渥濁爲大傅使脩范武子之法右行辛爲司空使脩士蔿之法弁糾御戎校正屬焉使訓諸御知義荀賓爲右司士屬焉使訓勇力之士時使卿無

挿此二語便覺不甚枝

共御立軍尉以攝之祁奚爲中軍尉羊舌職佐之魏絳爲司馬張老爲候奄鐸遏寇爲上軍尉籍偃爲之司馬使訓卒乘親以聽命程鄭爲乘馬御六騶屬焉使訓羣騶知禮凡六官之長皆民譽也舉不失職官不易方爵不踰德師不陵正旅不偪師民無謗言所以復霸也○○

公如晉

公如晉朝嗣君也

夏楚子鄭伯伐宋宋魚石復入于彭城

意絕新奇然却是實理文勢亦陗拔

夏六月鄭伯侵宋及曹門外遂會楚子伐宋取朝郟楚子辛鄭皇辰侵城郜取幽丘同伐彭城納宋魚石向爲人鱗朱向帶魚府焉以三百乘戍之而還書曰復入凡去其國國逆而立之曰入復其位曰復歸諸侯納之曰歸以惡曰復入宋人患之西鉏吾曰何也若楚人與吾同惡以德於我吾固事之也不敢貳矣大國無厭鄙我猶憾不然而收吾憎使贊其政以間吾釁亦吾患也今將崇諸侯之姦而披其地以塞夷庚逞

姦而攜服毒諸侯而懼吴晉吾庸多矣非吾憂也且事晉何爲晉必恤之

公至自晉

公至自晉

晉侯使士匄來聘

晉范宣子來聘且拜朝也君子謂晉於是乎有禮

秋杞伯來朝

秋杞桓公來朝勞公且問晉故公以晉君語之

杞伯於是驟朝于晉而請爲昏

○七月宋老佐華喜圍彭城老佐卒焉

八月邾子來朝

八月邾宣公來朝即位而來見也

築鹿囿

築鹿囿書不時也

己丑公薨于路寢

己丑公薨于路寢言道也

冬楚人鄭人侵宋

冬十一月楚子重救彭城伐宋宋華元如晉告急韓獻子爲政曰欲求得人必先勤之成霸安彊自宋始矣晉侯師于台谷以救宋遇楚師于靡角之谷楚師還

晉侯使士魴來乞師

晉士魴來乞師季文子問師數於臧武仲對曰伐鄭之役知伯實來下軍之佐也今彘季亦佐下軍如伐鄭可也事大國無失班爵而加敬焉禮也從之

十有二月仲孫蔑會晉侯宋公衛侯邾子齊崔杼

同盟于虛朾

十二月孟獻子會于虛朾謀救宋也宋人辭諸

侯而請師以圍彭城孟獻子請于諸侯而先歸

會葬

丁未葬我君成公

丁未葬我君成公書順也

萬曆丙辰臯吳興閔齊華

閔齊伋閔象泰分次經傳

春秋左傳

襄公上

元年春王正月公卽位仲孫蔑會晉欒黶宋華元衛甯殖曹人莒人邾人滕人薛人圍宋彭城

元年春己亥圍宋彭城非宋地追書也於是爲宋討魚石故稱宋且不登叛人也謂之宋志彭城降晉晉人以宋五大夫在彭城者歸寘諸瓠丘齊人不會彭城晉人以爲討二月齊大子光

爲質於晉
夏晉韓厥帥師伐鄭　仲孫蔑會齊崔杼曹人邾人杞人次于鄫
夏五月晉韓厥荀偃帥諸侯之師伐鄭入其郛敗其徒兵於洧上於是東諸侯之師次于鄫以待晉師晉師自鄭以鄫之師侵楚焦夷及陳晉侯衞侯次于戚以爲之援
秋楚公子壬夫帥師侵宋
秋楚子辛救鄭侵宋呂留鄭子然侵宋取犬丘

九月辛酉天王崩

邾子來朝　冬衞侯使公孫剽來聘　晉侯使荀罃來聘

九月邾子來朝禮也冬衞子叔晉知武子來聘禮也凡諸侯卽位小國朝之大國聘焉以繼好結信謀事補闕禮之大者也

二年春王正月葬簡王

鄭師伐宋

二年春鄭師侵宋楚令也

○齊侯伐萊萊人使正輿子賂夙沙衛以索馬牛皆百匹齊師乃還君子是以知齊靈公之爲靈也

夏五月庚寅夫人姜氏薨

夏齊姜薨初穆姜使擇美檟以自爲櫬與頌琴季文子取以葬君子曰非禮也禮無所逆婦養姑者也虧姑以成婦逆莫大焉詩曰其惟哲人告之話言順德之行季孫於是爲不哲矣且姜氏君之妣也詩曰爲酒爲醴烝畀祖妣以洽百

禮降福孔偕

○齊侯使諸姜宗婦來送葬召萊子萊子不會故晏弱城東陽以偪之

六月庚辰鄭伯睔卒　晉師宋師衛甯殖侵鄭鄭成公疾子駟請息肩於晉公曰楚君以鄭故親集矢於其目非異人任寡人也若背之是弃力與言其誰暱我免寡人唯二三子秋七月庚辰鄭伯睔卒於是子罕當國子駟爲政子國爲司馬晉師侵鄭諸大夫欲從晉子駟曰官命未

此段文勢讀之覺欠簡勁細玩只因而之句重此是餘未盡處

改

秋七月仲孫蔑會晉荀罃宋華元衛孫林父曹人邾人于戚

會于戚謀鄭故也孟獻子曰請城虎牢以偪鄭知武子曰善鄫之會吾子聞崔子之言今不來矣滕薛小邾之不至皆齊故也寡君之憂不唯鄭罃將復於寡君而請於齊得請而告吾子之功也若不得請事將在齊吾子之請諸侯之福也豈唯寡君賴之

己丑葬我小君齊姜

叔孫豹如宋

穆叔聘于宋通嗣君也

冬仲孫蔑會晉荀罃齊崔杼宋華元衞孫林父曹人邾人滕人薛人小邾人于戚遂城虎牢

冬復會于戚齊崔武子及滕薛小邾之大夫皆會知武子之言故也遂城虎牢鄭人乃成

楚殺其大夫公子申

楚公子申爲右司馬多受小國之賂以偪子重

子辛楚人殺之故書曰楚殺其大夫公子申

三年春楚公子嬰齊帥師伐吳

三年春楚子重伐吳爲簡之師克鳩茲至于衡山使鄧廖帥組甲三百被練三千以侵吳吳人要而擊之獲鄧廖其能免者組甲八十被練三百而已子重歸既飲至三日吳人伐楚取駕駕良邑也鄧廖亦楚之良也君子謂子重於是役也所獲不如所亡楚人以是咎子重子重病之遂遇心疾而卒

公如晉

公如晉始朝也

夏四月壬戌公及晉侯盟于長樗

夏盟于長樗孟獻子相公稽首知武子曰天子在而君辱稽首寡君懼矣孟獻子曰以敝邑介在東表密邇仇讐寡君將君是望敢不稽首

公至自晉

○晉爲鄭服故且欲脩吴好將合諸侯使士匄告于齊曰寡君使匄以歲之不易不虞之不戒寡

辭命

語氣平看熟愈覺常

君願與一二兄弟相見以謀不協請君臨之使匄乞盟齊侯欲勿許而難爲不協乃盟於耏外

○祁奚請老晉侯問嗣焉稱解狐其讐也將立之而卒又問焉對曰午也可於是羊舌職死矣晉侯曰孰可以代之對曰赤也可於是使祁午爲中軍尉羊舌赤佐之君子謂祁奚於是能舉善矣稱其讐不爲諂立其子不爲比舉其偏不爲黨商書曰無偏無黨王道蕩蕩其祁奚之謂矣解狐得舉祁午得位伯華得官建一官而三物

成能舉善也夫唯善故能舉其類詩云惟其有之是以似之祁奚有焉

六月公會單子晉侯宋公衛侯鄭伯莒子邾子齊世子光巳未同盟于雞澤　陳侯使袁僑如會戊寅叔孫豹及諸侯之大夫及陳袁僑盟

六月公會單頃公及諸侯巳未同盟于雞澤晉侯使荀會逆吳子于淮上吳子不至楚子辛爲令尹侵欲於小國陳成公使袁僑如會求成晉侯使和組父告于諸侯秋叔孫豹及諸侯之大

只以辭命文語妙

細玩妙處乃只在以及字

夫及陳袁僑盟陳請服也

○晉侯之弟揚干亂行於曲梁魏絳戮其僕晉侯怒謂羊舌赤曰合諸侯以爲榮也揚干爲戮何辱如之必殺魏絳無失也對曰絳無貳志事君不辟難有罪不逃刑其將來辭何辱命焉言終魏絳至授僕人書將伏劍士魴張老止之公讀其書曰日君乏使使臣斯司馬臣聞師衆以順爲武軍事有死無犯爲敬君合諸侯臣敢不敬君師不武執事不敬罪莫大焉臣懼其死以及

揚干無所逃罪不能致訓至於用鉞臣之罪重敢有不從以怒君心請歸死於司寇公跣而出曰寡人之言親愛也吾子之討軍禮也寡人有弟弗能教訓使干大命寡人之過也子無重寡人之過敢以爲請晉侯以魏絳爲能以刑佐民矣反役與之禮食使佐新軍張老爲中軍司馬士富爲候奄

○楚司馬公子何忌侵陳陳叛故也

秋公至自會

冬晉荀罃帥師伐許

許靈公事楚不會于雞澤冬晉知武子帥師伐許

四年春王三月己酉陳侯午卒

四年春楚師爲陳叛故猶在繁陽韓獻子患之言於朝曰文王帥殷之叛國以事紂唯知時也今我易之難哉三月陳成公卒楚人將伐陳聞喪乃止陳人不聽命臧武仲聞之曰陳不服於楚必亡大國行禮焉而不服在大猶有咎而況

與甯武子對曾意同而語不若彼之濃彼肆崇及之

小乎夏楚彭名侵陳陳無禮故也

夏叔孫豹如晉

穆叔如晉報知武子之聘也晉侯享之金奏肆夏之三不拜工歌文王之三又不拜歌鹿鳴之三三拜韓獻子使行人子員問之曰子以君命辱於敝邑先君之禮藉之以樂以辱吾子吾子舍其大而重拜其細敢問何禮也對曰三夏天子所以享元侯也使臣弗敢與聞文王兩君相見之樂也臣不敢及鹿鳴君所以嘉寡君也敢

一語絶妙

不拜嘉四牡君所以勞使臣也敢不重拜皇皇者華君教使臣曰必諮於周臣聞之訪問於善爲咨咨親爲詢咨禮爲度咨事爲諏咨難爲謀臣獲五善敢不重拜

秋七月戊子夫人姒氏薨

秋定姒薨不殯于廟無櫬不虞匠慶謂季文子曰子爲正卿而小君之喪不成不終君也君長誰受其咎初季孫爲已樹六檟於蒲圃東門之外匠慶請木季孫曰畧匠慶用蒲圃之檟季孫

辭命

不御君子曰志所謂多行無禮必自及也其是之謂乎

葬陳成公

八月辛亥葬我小君定姒

冬公如晉

冬公如晉聽政晉侯享公公請屬鄫晉侯不許孟獻子曰以寡君之密邇於仇讎而願固事君無失官命鄫無賦於司馬為執事朝夕之命敝邑敝邑褊小闕而為罪寡君是以願借助焉晉

說意散文郤亦娓成而字句讀之殊諧鈍不動暢

此語插問法人多謂是謗

侯許之

陳人圍頓

楚人使頓間陳而侵伐之故陳人圍頓

○無終子嘉父使孟樂如晉因魏莊子納虎豹之皮以請和諸戎晉侯曰戎狄無親而貪不如伐之魏絳曰諸侯新服陳新來和將觀於我我德則睦否則攜貳勞師於戎而楚伐陳必弗能救是棄陳也諸華必叛戎禽獸也獲戎失華無乃不可乎夏訓有之曰有窮后羿公曰后羿何如

書傳陸傳所祖然其實不同傳陸是叙事且有後命法若此則是同間乃詳不間恐只可簡經數語何者后羿事於此亦不甚切耳以議論為叙事法此明是一后羿傳敘事詳核而鍊警

對曰昔有夏之方衰也后羿自鉏遷于窮石因夏民以代夏政恃其射也不脩民事而淫于原獸棄武羅伯因熊髡尨圉而用寒浞寒浞伯明氏之讒子弟也伯明后寒棄之夷羿收之信而使之以為己相浞行媚于內而施賂于外愚弄其民而虞羿于田樹之詐慝以取其國家外內咸服羿猶不悛將歸自田家衆殺而亨之以食其子其子不忍食諸死于窮門靡奔有鬲氏浞因羿室生澆及豷恃其讒慝詐僞而不德于民

箴絕工古而敘簡而饒態善規而晉侯只此一箴已足揚子雲極力模擬徒得其似且太局於此格若周史自箴必當多變惜乎不傳

使澆用師滅斟灌及斟尋氏處澆于過處豷于戈靡自有鬲氏收二國之燼以滅浞而立少康少康滅澆于過后杼滅豷于戈有窮由是遂亡失人故也昔周辛甲之為大史也命百官官箴王闕於虞人之箴曰芒芒禹迹畫為九州經啓九道民有寢廟獸有茂草各有攸處德用不擾在帝夷羿冒于原獸忘其國恤而思其麀牡武不可重用不恢于夏家獸臣司原敢告僕夫虞箴如是可不懲乎於是晉侯好田故魏絳及之

語傚古隸第條條多四言三句便覺板拙不流動

是口角語風韻却長

公曰然則莫如和戎乎對曰和戎有五利焉戎狄荐居貴貨易土土可賈焉一也邊鄙不聳民狎其野穡人成功二也戎狄事晉四鄰振動諸侯畏懷三也以德綏戎師徒不勤甲兵不頓四也鑒于后羿而用德度遠至邇安五也君其圖之公說使魏絳盟諸戎脩民事田以時

○冬十月邾人莒人伐鄫臧紇救鄫侵邾敗於狐駘國人逆喪者皆髽魯於是乎始髽國人誦之曰臧之狐裘敗我於狐駘我君小子朱儒是使

朱儒朱儒使我敗於邾

五年春公至自晉

五年春公至自晉

○王使王叔陳生愬戎于晉晉人執之士魴如京師言王叔之貳於戎也

夏鄭伯使公子發來聘

夏鄭子國來聘通嗣君也

叔孫豹鄫世子巫如晉

穆叔覿鄫大子于晉以成屬鄫書曰叔孫豹鄫

大子巫如晉言比諸魯大夫也

仲孫蔑衛孫林父會吳于善道

吳子使壽越如晉辭不會于雞澤之故且請聽諸侯之好晉人將爲之合諸侯使魯衛先會吳且告會期故孟獻子孫文子會吳于善道

秋大雩

秋大雩旱也

楚殺其大夫公子壬夫

楚人討陳叛故曰由令尹子辛實侵欲焉乃殺

之書曰楚殺其大夫公子壬夫貪也君子謂楚共王於是不刑詩曰周道挺挺我心扃扃講事不令集人來定已則無信而殺人以逞不亦難乎夏書曰成允成功

公會晉侯宋公陳侯衛侯鄭伯曹伯莒子邾子滕子薛伯齊世子光吳人鄫人于戚

九月丙午盟于戚會吳且命戍陳也穆叔以屬鄫爲不利使鄫大夫聽命于會

公至自會

快

冬戍陳　楚公子貞帥師伐陳公會晉侯宋公衛
侯鄭伯曹伯齊世子光救陳
楚子囊爲令尹范宣子曰我喪陳矣楚人討貳
而立子囊必改行而疾討陳陳近於楚民朝夕
急能無往乎有陳非吾事也無之而後可冬諸
侯戍陳子囊伐陳十一月甲午會于城棣以救
之
十有二月公至自救陳
辛未季孫行父卒

相優字最妙

季文子卒大夫入斂公在位宰庀家器爲葬備無衣帛之妾無食粟之馬無藏金玉無重器備君子是以知季文子之忠於公室也相三君矣而無私積可不謂忠乎

六年春王三月壬午杞伯姑容卒

六年春杞桓公卒始赴以名同盟故也

夏宋華弱來奔

宋華弱與樂轡少相狎長相優又相謗也子蕩怒以弓梏華弱于朝平公見之曰司武而梏於

意語俱簡

朝難以勝矣遂逐之夏宋華弱來奔司城子罕曰同罪異罰非刑也專戮於朝罪孰大焉亦逐子蕩子蕩射子罕之門曰幾日而不我從子罕善之如初

秋葬杞桓公

滕子來朝

秋滕成公來朝始朝公也

莒人滅鄫

莒人滅鄫鄫恃賂也

大段俱鍊淨有餘精此二事亦覺無留然調法却新

冬叔孫豹如邾

冬穆叔如邾聘且脩平

季孫宿如晉

晉人以鄫故來討曰何故亡鄫季武子如晉見
且聽命

十有二月齊侯滅萊

十一月齊侯滅萊萊恃謀也於鄭子國之來聘
也四月晏弱城東陽而遂圍萊甲寅堙之環城
傅於堞及杞桓公卒之月乙未王湫帥師及正

輿子棠人軍齊師齊師大敗之丁未入萊萊共公浮柔奔棠正輿子王湫奔莒莒人殺之四月陳無宇獻萊宗器于襄宮晏弱圍棠十一月丙辰而滅之遷萊于郳高厚崔杼定其田

七年春郯子來朝

七年春郯子來朝始朝公也

夏四月三卜郊不從乃免牲

夏四月三卜郊不從乃免牲孟獻子曰吾乃今而後知有卜筮夫郊祀后稷以祈農事也是故

啟蟄而郊郊而後耕今既耕而卜郊宜其不從也

小邾子來朝

小邾穆公來朝亦始朝公也

城費

南遺爲費宰叔仲昭伯爲隧正欲善季氏而求媚於南遺謂遺請城費吾多與而役故季氏城費

秋季孫宿如衛

秋季武子如衛報子叔之聘且辭緩報非貳也

八月螽

○冬十月晉韓獻子告老公族穆子有癈疾將立之辭曰詩曰豈不夙夜謂行多露又曰弗躬弗親庶民弗信無忌不才讓其可乎請立起也與田蘇游而曰好仁詩曰靖共爾位好是正直神之聽之介爾景福恤民爲德正直爲正正曲爲直參和爲仁如是則神聽之介福降之立之不亦可乎庚戌使宣子朝遂老晉侯謂韓無忌仁

妙有致

使掌公族大夫

冬十月衞侯使孫林父來聘壬戌及孫林父盟

衞孫文子來聘且拜武子之言而尋孫桓子之盟公登亦登叔孫穆子相趨進曰諸侯之會寡君未嘗後衞君今吾子不後寡君寡君未知所過吾子其少安孫子無辭亦無悛容穆叔曰孫子必亡爲臣而君過而不悛亡之本也詩曰退食自公委蛇委蛇謂從者也衡而委蛇必折

楚公子貞帥師圍陳　十有二月公會晉侯宋公

陳侯衛侯曹伯莒子邾子于鄬　鄭伯髠頑如會未見諸侯丙戌卒于鄵　陳侯逃歸

楚子囊圍陳會于鄬以救之鄭僖公之爲大子也於成之十六年與子罕適晉不禮焉又與子豐適楚亦不禮焉及其元年朝于晉子豐欲愬諸晉而廢之子罕止之及將會于鄬子駟相又不禮焉侍者諫不聽又諫殺之及鄵子駟使賊夜弒僖公而以瘧疾赴于諸侯簡公生五年奉而立之陳人患楚慶虎慶寅謂楚人曰吾使公

子黃往而執之楚人從之二慶使告陳侯于會曰楚人執公子黃矣君若不來羣臣不忍社稷宗廟懼有二圖陳侯逃歸

八年春王正月公如晉

八年春公如晉朝且聽朝聘之數

夏葬鄭僖公

○鄭羣公子以僖公之死也謀子駟子駟先之夏四月庚辰辟殺子狐子熙子侯子丁孫擊孫惡出奔衛

鄭人侵蔡獲蔡公子燮

庚寅鄭子國子耳侵蔡獲蔡司馬公子燮鄭人
皆喜唯子產不順曰小國無文德而有武功禍
莫大焉楚人來討能勿從乎從之晉師必至晉
楚伐鄭自今鄭國不四五年弗得寧矣子國怒
之曰爾何知國有大命而有正卿童子言焉將
爲戮矣

季孫宿會晉侯鄭伯齊人宋人衛人邾人于邢丘

五月甲辰會于邢丘以命朝聘之數使諸侯之

大夫聽命季孫宿齊高厚宋向戌衛甯殖邾大夫會之鄭伯獻捷于會故親聽命大夫不書尊晉侯也

公至自晉

莒人伐我東鄙

莒人伐我東鄙以疆鄆田

秋九月大雩

秋九月大雩旱也

冬楚公子貞帥師伐鄭

此亦多四字
句楚却不獻

冬楚子囊伐鄭討其侵蔡也子駟子國子耳欲從楚子孔子蟜子展欲待晉子駟曰周詩有之曰俟河之清人壽幾何兆云詢多職競作羅謀之多族民之多違事滋無成民急矣姑從楚以紓吾民晉師至吾又從之敬共幣帛以待來者小國之道也犧牲玉帛待於二竟以待彊者而庇民焉寇不爲害民不罷病不亦可乎子展曰小所以事大信也小國無信兵亂日至亡無日矣五會之信今將背之雖楚救我將焉用之親

則以意多而詞鋒鋭故

有兩五字句收氣亦覺稍舒

辭令

我無成鄙我是欲不可從也不如待晉晉君方明四軍無闕八卿和睦必不弃鄭楚師遼遠糧食將盡必將速歸何患焉舍之聞之杖莫如信完守以老楚杖信以待晉不亦可乎子駟曰詩云謀夫孔多是用不集發言盈庭誰敢執其咎如匪行邁謀是用不得于道請從楚騑也受其咎乃及楚平使王子伯騑告于晉曰君命敝邑脩而車賦儆而師徒以討亂畧蔡人不從敝邑之人不敢寧處悉索敝賦以討于蔡獲司馬燮

說意婉妙兼善文過王文恪謂通而飾良然然意味却正于飾處深長

從遠人爲之相救近接民死亡即其子弟接民知窮用意亦自足此神入篇爲夫人四句若另起明而意實相承且力說意更透文勢於緩中乃更勁左氏每擅此長最耐咀嚼

辭命

城下盖示城下之盟意

獻于邢丘今楚來討曰女何故稱兵于蔡焚我郊保憑陵我城郭敝邑之衆夫婦男女不皇啟處以相救也翦焉傾覆無所控告民死亡者非其父兄即其子弟夫人愁痛不知所庇民知困窮而受盟于楚孤也與其二三臣不能禁止不敢不告知武子使行人子員對之曰君有楚命亦不使一介行李告于寡君而即安于楚君之所欲也誰敢違君寡君將帥諸侯以見于城下唯君圖之

晉侯使士匄來聘

晉范宣子來聘且拜公之辱告將用師于鄭公享之宣子賦摽有梅季武子曰誰敢哉今譬於草木寡君在君君之臭味也歡以承命何時之有武子賦角弓賓將出武子賦彤弓宣子曰城濮之役我先君文公獻功于衡雍受彤弓于襄王以爲子孫藏匄也先君守官之嗣也敢不承命君子以爲知禮

九年春宋災

綆缶水器畚
犯

九年春宋災樂喜爲司城以爲政使伯氏司里火所未至徹小屋塗大屋陳畚挶具綆缶備水器量輕重蓄水潦積土塗巡丈城繕守備表火道使華臣具正徒令隧正納郊保奔火所使華閱討右官官庀其司向戌討左亦如之使樂遄庀刑器亦如之使皇鄖命校正出馬工正出車備甲兵庀武守使西鉏吾庀府守令司宮巷伯儆宮二師令四鄉正敬享祝宗用馬于四墉祀盤庚于西門之外晉侯問於士弱曰吾聞之宋

災於是乎知有天道何故對曰古之火正或食於心或食於咮以出内火是故咮爲鶉火心爲大火陶唐氏之火正閼伯居商丘祀大火而火紀時焉相土因之故商主大火商人閱其禍敗之釁必始於火是以日知其有天道也公曰可必乎對曰在道國亂無象不可知也

夏季孫宿如晉

夏季武子如晉報宣子之聘也

五月辛酉夫人姜氏薨

今占法五爻變者視之卦不變爻隨六二係小子係丈夫正符穆姜事史蓋諱之而献諛

穆姜薨於東宮始往而筮之遇艮之八䷳史曰是謂艮之隨䷐隨其出也君必速出姜曰亡是於周易曰隨元亨利貞無咎元體之長也亨嘉之會也利義之和也貞事之幹也體仁足以長人嘉德足以合禮利物足以和義貞固足以幹事然故不可誣也是以雖隨無咎今我婦人而與於亂固在下位而有不仁不可謂元不靖國家不可謂亨作而害身不可謂利弃位而姣不可謂貞有四德者隨而無咎我皆無之豈隨也

論詩實難有章法然轉折波瀾少便覺易不勝情

上累重出中行此重出欒

哉我則取惡能無咎乎必死於此弗得出矣
秋八月癸未葬我小君穆姜
○秦景公使士雃乞師于楚將以伐晉楚子許之
子囊曰不可當今吾不能與晉爭晉君類能而
使之舉不失選官不易方其卿讓於善其大夫
不失守其士競於教其庶人力於農穡商工皂
隸不知遷業韓厥老矣知罃禀焉以爲政范匄
少於中行偃而上之使佐中軍韓起少於欒黶
而欒黶士魴上之使佐上軍魏絳多功以趙武

則以士魴故
魏趙帥級是
欲不排

爲賢而爲之佐君明臣忠上讓下競當是時也晉不可敵事之而後可君其圖之王曰吾旣許之矣雖不及晉必將出師秋楚子師于武城以爲秦秦援秦人侵晉晉饑弗能報也

冬公會晉侯宋公衞侯曹伯莒子邾子滕子薛伯杞伯小邾子齊世子光伐鄭十有二月己亥同盟于戲

冬十月諸侯伐鄭庚午季武子齊崔杼宋皇鄖從荀罃士匄門于鄟門衞北宮括曹人邾人從

荀偃韓起門于師之梁滕人薛人從欒黶士魴門于北門杞人郳人從趙武魏絳斬行栗甲戌師于氾令於諸侯曰脩器備盛餱糧歸老幼居疾于虎牢肆眚圍鄭鄭人恐乃行成中行獻子曰遂圍之以待楚人之救也而與之戰不然無成知武子曰許之盟而還師以敝楚人吾三分四軍與諸侯之銳以逆來者於我未病楚不能矣猶愈於戰暴骨以逞不可以爭大勞未艾君子勞心小人勞力先王之制也諸侯皆不欲戰

壯有氣以直以實其態何

謚

左氏辭令頗多婉錯此獨直而排然都可想見當時急迫中出語

乃許鄭成十一月己亥同盟于戲鄭服也將盟鄭六卿公子騑公子發公子嘉公孫輒公孫蠆公孫舍之及其大夫門子皆從鄭伯晉士莊子爲載書曰自今日既盟之後鄭國而不唯晉命是聽而或有異志者有如此盟公子騑趨進曰天禍鄭國使介居二大國之間大國不加德音而亂以要之使其鬼神不獲歆其禋祀其民人不獲享其土利夫婦辛苦墊隘無所厎告自今日既盟之後鄭國而不唯有禮與彊可以庇民

情態

餘波觀點

者是從而敢有異志者亦如之荀偃曰改載書公孫舍之曰昭大神要言焉若可改也大國亦可叛也知武子謂獻子曰我實不德而要人以盟豈禮也哉非禮何以主盟姑盟而退脩德息師而來終必獲鄭何必今日我之不德民將弃我豈唯鄭若能休和遠人將至何恃於鄭乃盟而還晉人不得志於鄭以諸侯復伐之十二月癸亥門其三門閏月戊寅濟于陰阪侵鄭次于陰口而還子孔曰晉師可擊也師老而勞且有

歸志必大克之子展曰不可

○公送晉侯晉侯以公宴于河上問公年季武子對曰會于沙隨之歲寡君以生晉侯曰十二年矣是謂一終一星終也國君十五而生子冠而生子禮也君可以冠矣大夫盍爲冠具武子對曰君冠必以祼享之禮行之以金石之樂節之以先君之祧處之今寡君在行未可具也請及兄弟之國而假備焉晉侯曰諾公還及衛冠于成公之廟假鐘磬焉禮也

楚子伐鄭

楚子伐鄭子駟將及楚平子孔子蟜曰與大國盟口血未乾而背之可乎子駟子展曰吾盟固云唯彊是從今楚師至晉不我救則楚彊矣盟誓之言豈敢背之且要盟無質神弗臨也所臨唯信信者言之瑞也善之主也是故臨之明神不蠲要盟背之可也乃及楚平公子罷戎入盟同盟于中分楚莊夫人卒王未能定鄭而歸

○晉侯歸謀所以息民魏絳請施舍輸積聚以貸

自公以下苟有積者盡出之國無滯積亦無困人公無禁利亦無貪民祈以幣更賓以特牲器用不作車服從給行之期年國乃有節三駕而楚不能與爭

十年春公會晉侯宋公衛侯曹伯莒子邾子滕子薛伯杞伯小邾子齊世子光會吴于柤

十年春會于柤會吴子壽夢也三月癸丑齊高厚相大子光以先會諸侯于鍾離不敬士莊子曰高子相大子以會諸侯將社稷是衛而皆不

錯而鍊色絕濃味絕腴大凡文字之整者雖見法然其境易窮錯則多變其態不可窮而以今世文體尚錯然必盡鍊法然後錯之

敬弃社稷也其將不免乎夏四月戊午會于柤

夏五月甲午遂滅偪陽

晉荀偃士匄請伐偪陽而封宋向戌焉荀罃曰城小而固勝之不武弗勝爲笑固請丙寅圍之弗克孟氏之臣秦堇父輦重如役偪陽人啟門諸侯之士門焉縣門發郰人紇抉之以出門者狄虒彌建大車之輪而蒙之以甲以爲櫓左執（插此句亦是）之右拔戟以成一隊孟獻子曰詩所謂有力如（波瀾層色）虎者也主人縣布堇父登之及堞而絕之隊則

妙出愈鍊愈有變不則尋率散漫又不若整者猶有矩

若直說則當云余既從女言決不改命今乃作倒言文語然味之絕有婉致此自是辭命一派語調

又縣之蘇而復上者三主人辭焉乃退帶其斷
以徇於軍三日諸侯之師久於偪陽荀偃士匄
請於荀罃曰水潦將降懼不能歸請班師知伯
怒投之以机出於其閒曰女成二事而後告余
余恐亂命以不女違女既勤君而興諸侯牽帥
老夫以至于此既無武守而又欲易余罪曰是
實班師不然克矣余羸老也可重任乎七日不
克必爾乎取之五月庚寅荀偃士匄帥卒攻偪
陽親受矢石甲午滅之書曰遂滅偪陽言自會

也以與向戌向戌辭曰君若猶辱鎭撫宋國而以偪陽光啟寡君羣臣安矣其何貺如之若專賜臣是臣興諸侯以自封也其何罪大焉敢以死請乃與宋公宋公享晉侯於楚丘請以桑林荀罃辭荀偃士匄曰諸侯宋魯於是觀禮魯有禘樂賓祭用之宋以桑林享君不亦可乎舞師題以旌夏晉侯懼而退入于房去旌卒享而還及著雍疾卜桑林見荀偃士匄欲奔請禱焉荀罃不可曰我辭禮矣彼則以之猶有鬼神於彼

加之晉侯有間以偪陽子歸獻于武宮謂之夷俘偪陽妘姓也使周內史選其族嗣納諸霍人禮也師歸孟獻子以秦堇父爲右生秦丕茲事仲尼

公至自會

楚公子貞鄭公孫輒帥師伐宋

六月楚子囊鄭子耳伐宋師于訾毋庚午圍宋門于桐門

晉師伐秦

晉荀罃伐秦報其侵也

○衞侯救宋師于襄牛鄭子展曰必伐衞不然是不與楚也得罪於晉又得罪於楚國將若之何子駟曰國病矣子展曰得罪於二大國必亡病不猶愈於亡乎諸大夫皆以爲然故鄭皇耳帥師侵衞楚令也孫文子卜追之獻兆於定姜姜氏問繇曰兆如山陵有夫出征而喪其雄姜氏曰征者喪雄禦寇之利也大夫圖之衞人追之孫蒯獲鄭皇耳于犬丘

○秋七月楚子囊鄭子耳侵我西鄙還圍蕭八月丙寅克之九月子耳侵宋北鄙孟獻子曰鄭其有災乎師競已甚周猶不堪競況鄭乎有災其執政之三士乎

秋莒人伐我東鄙

莒人閒諸侯之有事也故伐我東鄙

公會晉侯宋公衞侯曹伯莒子邾子齊世子光滕子薛伯杞伯小邾子伐鄭

諸侯伐鄭齊崔杼使大子光先至于師故長於

敘事詳核略覺煩

滕己酉師于牛首

冬盜殺鄭公子騑公子發公孫輒

初子駟與尉止有爭將禦諸侯之師而黜其車

尉止獲又與之爭子駟抑尉止曰爾車非禮也

遂弗使獻初子駟爲田洫司氏堵氏侯氏子師

氏皆喪田焉故五族聚羣不逞之人因公子之

徒以作亂於是子駟當國子國爲司馬子耳爲

司空子孔爲司徒冬十月戊辰尉止司臣侯晋

堵女父子師僕帥賊以入晨攻執政于西宮之

朝殺子駟子國子耳劫鄭伯以如北宮子孔知之故不死書曰盜言無大夫焉子西聞盜不儆而出尸而追盜盜入於北宮乃歸授甲臣妾多逃器用多喪子產聞盜爲門者庀羣司閉府庫愼閉藏完守備成列而後出兵車十七乘尸而攻盜於北宮子蟜帥國人助之殺尉止子師僕盜衆盡死侯晉奔晉堵女父司臣尉翩司齊奔宋子孔當國爲載書以位序聽政辟大夫諸司門子弗順將誅之子產止之請爲之焚書子孔

不可曰爲書以定國衆怒而焚之是衆爲政也國不亦難乎子產曰衆怒難犯專欲難成合二難以安國危之道也不如焚書以安衆子得所欲衆亦得安不亦可乎專欲無成犯衆興禍子必從之乃焚書於倉門之外衆而後定

戍鄭虎牢　楚公子貞帥師救鄭

諸侯之師城虎牢而戍之晉師城梧及制士魴魏絳戍之書曰戍鄭虎牢非鄭地也言將歸焉鄭及晉平楚子囊救鄭十一月諸侯之師還鄭

晉勝巧而淨

意純妙

而南至於陽陵楚師不退知武子欲退曰今我逃楚楚必驕驕則可與戰矣欒黶曰逃楚晉之恥也合諸侯以益恥不如死我將獨進師遂進己亥與楚師夾潁而軍子蟜曰諸侯既有成行必不戰矣從之將退不從亦退退楚必圍我猶將退也不如從楚亦以退之宵涉潁與楚人盟欒黶欲伐鄭師荀罃不可曰我實不能禦楚又不能庇鄭鄭何罪不如致怨焉而還今伐其師楚必救之戰而不克爲諸侯笑克不可命不如

句巧

但王叔兩語多精其妙處亦只是一箇爭

訟必有正題目乃却止述閒爭語蓋亦辭窮

還也丁未諸侯之師還侵鄭北鄙而歸楚人亦還

公至自伐鄭

○王叔陳生與伯輿爭政王右伯輿王叔陳生怒而出奔及河王復之殺史狡以說焉不入遂處之晉侯使士匄平王室王叔與伯輿訟焉王叔之宰與伯輿之大夫瑕禽坐獄於王庭士匄聽之王叔之宰曰篳門閨竇之人而皆陵其上其難爲上矣瑕禽曰昔平王東遷吾七姓從王牲

妙絕

此所合契想係爭政實事

用備具王賴之而賜之騂旄之盟曰世世無失職若篳門閨竇其能來東底乎且王何賴焉今自王叔之相也政以賄成而刑放於寵官之師旅不勝其富吾能無篳門閨竇乎唯大國圖之下而無直則何謂正矣范宣子曰天子所右寡君亦右之所左亦左之使王叔氏與伯輿合要王叔氏不能舉其契王叔奔晉不書不告也單靖公爲卿士以相王室

十有一年春王正月作三軍

十一年春季武子將作三軍告叔孫穆子曰請爲三軍各征其軍穆子曰政將及子子必不能武子固請之穆子曰然則盟諸乃盟諸僖閎詛諸五父之衢正月作三軍三分公室而各有其一三子各毀其乘季氏使其乘之人以其役邑入者無征不入者倍征孟氏使半爲臣若子若弟叔孫氏使盡爲臣不然不舍

夏四月四卜郊不從乃不郊

鄭公孫舍之帥師侵宋

三句一氣只用而二字轉下甚動有力

得

與上意全同語亦無大異但以賂當怒而固與意見其細玩亦饒重若截以下數句便可刪

鄭人患晉楚之故。諸大夫曰：不從晉，國幾亡。楚弱於晉，晉不吾疾也。晉疾，楚將辟之。何為而使晉師致死於我，楚弗敢敵，而後可固與也。子展曰：與宋為惡，諸侯必至，吾從之盟。楚師至，吾又從之，則晉怒甚矣。晉能驟來，楚將不能，吾乃固與晉。大夫說之，使疆埸之司惡於宋。宋向戌侵鄭，大獲。子展曰：師而伐宋可矣。若我伐宋，諸侯之伐我必疾，吾乃聽命焉，且告於楚。楚師至，吾又與之盟，而重賂晉師，乃免矣。夏，鄭子展侵宋

敘東西北南亦以錯落見致

公會晉侯宋公衛侯曹伯齊世子光莒子邾子滕子薛伯杞伯小邾子伐鄭

四月諸侯伐鄭巳亥齊大子光宋向戌先至于鄭門于東門其莫晉荀罃至于西郊東侵舊許衛孫林父侵其北鄙六月諸侯會于北林師于向右還次于瑣圍鄭觀兵于南門西濟于濟隧鄭人懼乃行成

秋七月巳未同盟于亳城北

秋七月同盟于亳范宣子曰不愼必失諸侯諸

侯道敝而無成能無貳乎乃盟載書曰凡我同盟毋薀年毋壅利毋保姦毋留慝救災患恤禍亂同好惡獎王室或閒茲命司慎司盟名山名川羣神羣祀先王先公七姓十二國之祖明神殛之俾失其民隊命亡氏踣其國家

公至自伐鄭

楚子鄭伯伐宋

楚子囊乞旅于秦秦右大夫詹帥師從楚子將以伐鄭鄭伯逆之丙子伐宋

公會晉侯宋公衛侯曹伯齊世子光莒子邾子滕子薛伯杞伯小邾子伐鄭會于蕭魚　公至自會

楚人執鄭行人良霄

九月諸侯悉師以復伐鄭鄭人使良霄大宰石㚟如楚告將服于晉曰孤以社稷之故不能懷君君若能以玉帛綏晉不然則武震以攝威之孤之願也楚人執之書曰行人言使人也諸侯之師觀兵于鄭東門鄭人使王子伯駢行成甲戌晉趙武入盟鄭伯冬十月丁亥鄭子展出盟

晉侯十二月戊寅會于蕭魚庚辰赦鄭囚皆禮而歸之納斥候禁侵掠晉侯使叔肸告于諸侯公使臧孫紇對曰凡我同盟小國有罪大國致討苟有以藉手鮮不赦宥寡君聞命矣

○鄭人賂晉侯以師悝師觸師蠲廣車軘車淳十五乘甲兵備凡兵車百乘歌鐘二肆及其鎛磬女樂二八晉侯以樂之半賜魏絳曰子教寡人和諸戎狄以正諸華八年之中九合諸侯如樂之和無所不諧請與子樂之辭曰夫和戎狄國

論甚正文則
左氏套語

之福也八年之中九合諸侯諸侯無慝君之靈也二三子之勞也臣何力之有焉抑臣願君安其樂而思其終也詩曰樂旨君子殿天子之邦樂旨君子福祿攸同便蕃左右亦是帥從夫樂以安德義以處之禮以行之信以守之仁以厲之而後可以殿邦國同福祿來遠人所謂樂也書曰居安思危思則有備有備無患敢以此規公曰子之教敢不承命抑微子寡人無以待戎不能濟河夫賞國之典也藏在盟府不可廢也

于其受之魏絳於是乎始有金石之樂禮也

冬秦人伐晉

秦庶長鮑庶長武帥師伐晉以救鄭鮑先入晉地士魴禦之少秦師而弗設備壬午武濟自輔氏與鮑交伐晉師已丑秦晉戰于櫟晉師敗績易秦故也

十有二年春王三月莒人伐我東鄙圍台　季孫宿帥師救台遂入鄆

十二年春莒人伐我東鄙圍台季武子救台遂

入鄆取其鐘以爲公盤

夏晉侯使士魴來聘

夏晉士魴來聘且拜師

秋九月吳子乘卒

秋吳子壽夢卒臨於周廟禮也凡諸侯之喪異姓臨於外同姓於宗廟同宗於祖廟同族於禰廟是故魯爲諸姬臨於周廟爲邢凡蔣茅胙祭臨於周公之廟

冬楚公子貞帥師侵宋

辭命

冬楚子囊秦庶長無地伐宋師于楊梁以報晉之取鄭也

○靈王求后于齊齊侯問對於晏桓子桓子對曰先王之禮辭有之天子求后於諸侯諸侯對曰夫婦所生若而人妾婦之子若而人無女而有姊妹及姑姊妹則曰先守某公之遺女若而人齊侯許昏王使陰里結之

公如晉

公如晉朝且拜士魴之辱禮也

○秦嬴歸于楚楚司馬子庚聘于秦爲夫人寧禮也

十有三年春公至自晉

十三年春公至自晉孟獻子書勞于廟禮也

夏取邿

夏邿亂分爲三師救邿遂取之凡書取言易也用大師焉曰滅弗地曰入

○荀罃士魴卒晉侯蒐于緜上以治兵使士匄將中軍辭曰伯游長昔臣習於知伯是以佐之非

敍事亦具法

不甚勁疎

能賢也請從伯游荀偃將中軍士匄佐之使韓起將上軍辭以趙武又使欒黶辭曰臣不如韓起韓起願上趙武君其聽之使趙武將上軍韓起佐之欒黶將下軍魏絳佐之新軍無帥晉侯難其人使其什吏率其卒乘官屬以從於下軍禮也晉國之民是以大和諸侯遂睦君子曰讓禮之主也范宣子讓其下皆讓欒黶爲汏弗敢違也晉國以平數世賴之刑善也夫一人刑善百姓休和可不務乎書曰一人有慶兆民賴之

昌黎于襄陽書彷彿祖此勢

其寧惟永其是之謂乎周之興也其詩曰儀刑文王萬邦作孚言刑善也及其衰也其詩曰大夫不均我從事獨賢言不讓也世之治也君子尚能而讓其下小人農力以事其上是以上下有禮而讒慝黜遠由不爭也謂之懿德及其亂也君子稱其功以加小人小人伐其技以馮君子是以上下無禮亂虐竝生由爭善也謂之昏德國家之敝恒必由之

秋九月庚辰楚子審卒

弘字難解或有誤

一謚字演爲十六字可見周之文勝然語同妙

謚法既過能改曰共

楚子疾告大夫曰不穀不德少主社稷生十年而喪先君未及習師保之教訓而應受多福是以不德而亡師于鄢以辱社稷爲大夫憂其弘多矣若以大夫之靈獲保首領以沒於地唯是春秋窀穸之事所以從先君於禰廟者請爲靈若厲大夫擇焉莫對及五命乃許秋楚共王卒子囊謀謚大夫曰君有命矣子囊曰君命以共若之何毀之赫赫楚國而君臨之撫有蠻夷奄征南海以屬諸夏而知其過可不謂共乎請

諡之共大夫從之

○吳侵楚養由基奔命子庚以師繼之養叔曰吳乘我喪謂我不能師也必易我而不戒子爲三覆以待我我請誘之子庚從之戰于庸浦大敗吳師獲公子黨君子以吳爲不弔詩曰不弔昊天亂靡有定

冬城防

冬城防書事時也於是將早城臧武仲請俟畢農事禮也

㚖乃說然文
邦勁錄

〇鄭良霄大宰石㚖猶在楚石㚖言於子囊曰先王卜征五年而歲習其祥祥習則行不習則增脩德而改卜今楚實不競行人何罪止鄭一卿以除其偪使睦而疾楚以固於晉焉用之使歸而廢其使怨其君以疾其大夫而相牽引也不猶愈乎楚人歸之

十有四年春王正月季孫宿叔老會晉士匄齊人宋人衛人鄭公孫蠆曹人莒人邾人滕人薛人杞人小邾人會吴于向

宵文

辭命

以緣飾語佳

儘彫琢

十四年春吳告敗于晉會于向爲吳謀楚故也范宣子數吳之不德也以退吳人執莒公子務婁以其通楚使也將執戎子駒支范宣子親數諸朝曰來姜戎氏昔秦人迫逐乃祖吾離于瓜州乃祖吾離被苫蓋蒙荆棘以來歸我先君我先君惠公有不腆之田與女剖分而食之今諸侯之事我寡君不如昔者蓋言語漏洩則職女之由詰朝之事爾無與焉與將執女對曰昔秦人負恃其衆貪于土地逐我諸戎惠公蠲其大

流動而嚴栗
就事實述最
易拙此乃不
拙卻更矯健
有勢中雖有
連四字句然
亦不甚澀口
蓋得諫諷法

掎角字本奇
然在今時則
亦已為熟

德謂我諸戎是四嶽之裔胄也毋是翦弃賜我南鄙之田狐貍所居豺狼所嗥我諸戎除翦其荆棘驅其狐貍豺狼以爲先君不侵不叛之臣至于今不貳昔文公與秦伐鄭秦人竊與鄭盟而舍戍焉於是乎有殽之師晉禦其上戎亢其下秦師不復我諸戎實然譬如捕鹿晉人角之諸戎掎之與晉踣之戎何以不免自是以來晉之百役與我諸戎相繼于時以從執政猶殽志也豈敢離逷今官之師旅無乃實有所闕以攜

諸侯而罪我諸戎我諸戎飲食衣服不與華同贄幣不通言語不達何惡之能爲不與於會亦無瞢焉賦青蠅而退宣子辭焉使即事於會成愷悌也於是子叔齊子爲季武子介以會自是晉人輕魯幣而益敬其使

○吳子諸樊既除喪將立季札季札辭曰曹宣公之卒也諸侯與曹人不義曹君將立子臧子臧去之遂弗爲也以成曹君君子曰能守節君義嗣也誰敢奸君有國非吾節也札雖不才願附

敘事儘入細
但稍覺碎

於子臧以無失節固立之弃其室而耕乃舍之

二月乙未朔日有食之

夏四月叔孫豹會晉荀偃齊人宋人衛北宮括鄭公孫蠆曹人莒人邾人滕人薛人杞人小邾人伐秦

夏諸侯之大夫從晉侯伐秦以報櫟之役也晉侯待于竟使六卿帥諸侯之師以進及涇不濟叔向見叔孫穆子穆子賦匏有苦葉叔向退而具舟魯人莒人先濟鄭子蟜見衛北宮懿子曰

與人而不固取惡莫甚焉若社稷何懿子說二子見諸侯之師而勸之濟濟涇而次秦人毒涇上流師人多死鄭司馬子蟜帥鄭師以進師皆從之至于棫林不獲成焉荀偃令曰雞鳴而駕塞井夷竈唯余馬首是瞻欒黶曰晉國之命未是有也余馬首欲東乃歸下軍從之左史謂魏莊子曰不待中行伯乎莊子曰夫子命從帥欒伯吾帥也吾將從之從帥所以待夫子也伯游曰吾令實過悔之何及多遺秦禽乃命大還晉

人謂之遷延之役欒鍼曰此役也報櫟之敗也役又無功晉之耻也吾有二位於戎路敢不耻乎與士鞅馳秦師死焉士鞅反欒黶謂士匄曰余弟不欲往而子召之余弟死而子來是而子殺余之弟也弗逐余亦將殺之士鞅奔秦於是齊崔杼宋華閱仲江會伐秦不書惰也向之會亦如之衞北宮括不書於向書於伐秦攝也秦伯問於士鞅曰晉大夫其誰先亡對曰其欒氏乎秦伯曰以其汏乎對曰然欒黶汏虐已甚猶

辟徵亦與前章法同然色較濃
不釋皮冠也應晴眼

可以免其在盈乎秦伯曰何故對曰武子之德在民如周人之思召公焉愛其甘棠況其子乎欒黶死盈之善未能及人武子所施沒矣而黶之怨實章將於是乎在秦伯以爲知言爲之請於晉而復之

己未衛侯出奔齊

衛獻公戒孫文子甯惠子食皆服而朝日旰不召而射鴻於囿二子從之不釋皮冠而與之言二子怒孫文子如戚孫蒯入使公飲之酒使大

猶有此等奇案襯貼

又有蘧大夫衆作波

師歌巧言之卒章大師辭師曹請爲之初公有嬖妾使師曹誨之琴師曹鞭之公怒鞭師曹三百故師曹欲歌之以怒孫子以報公公使歌之遂誦之蒯懼告文子文子曰君忌我矣弗先必死并帑於戚而入見蘧伯玉曰君之暴虐子所知也大懼社稷之傾覆將若之何對曰君制其國臣敢奸之雖奸之庸知愈乎遂行從近關出公使子蟜子伯子皮與孫子盟于丘宮孫子皆殺之四月己未子展奔齊公如鄄使子行於孫

却又有此意外之奇

定姜語神往此亦奇

子孫子又殺之公出奔齊孫氏追之敗公徒于阿澤鄄人執之初尹公佗學射於庾公差庾公差學射於公孫丁二子追公公孫丁御公子魚曰射爲背師不射爲戮射爲禮乎射兩軥而還尹公佗曰子爲師我則遠矣乃反之公孫丁授公轡而射之貫臂子鮮從公及竟公使祝宗告亡且告無罪定姜曰無神何告若有不可誣也有罪若何告無舍大臣而與小臣謀一罪也先君有冢卿以爲師保而蔑之二罪也余以巾櫛

本文飾然文其辭不文其實風致自妙

有此論以生臧武仲二論

事先君而暴妾使余三罪也告亡而已無告無罪公使厚成叔弔于衛曰寡君使瘠聞君不撫社稷而越在他竟若之何不弔以同盟之故使瘠敢私於執事曰有君不弔有臣不敏君不赦宥臣亦不帥職增淫發洩其若之何衛人使大叔儀對曰羣臣不佞得罪於寡君寡君不以即刑而悼弃之以爲君憂君不忘先君之好辱弔羣臣又重恤之敢拜君命之辱重拜大貺厚孫歸復命語臧武仲曰衛君其必歸乎有大叔儀

不雅亦未錄

復面事却于此完案與戰郲法同又出此右宰穀一奇

乍抑乍揚最有態與前甯孫相應作三節虐道字作偶語是小巧然亦附

以守有母弟鱄以出或撫其內或營其外能無歸乎齊人以郲寄衛侯及其復也以郲糧歸右宰穀從而逃歸衛人將殺之辭曰余不說初矣余狐裘而羔袖乃赦之衛人立公孫剽孫林父甯殖相之以聽命於諸侯衛侯在郲臧紇如齊唁衛侯衛侯與之言虐退而告其人曰衛侯其不得入矣其言糞土也亡而不變何以復國子展子鮮聞之見臧紇與之言道臧孫說謂其人曰衛君必入夫二子者或輓之或推之欲無入

冗而迂是後董膠西劉中壘一派文字

得乎

○師歸自伐秦晉侯舍新軍禮也成國不過半天子之軍周爲六軍諸侯之大者三軍可也於是知朔生盈而死盈生六年而武子卒彘裘亦幼皆未可立也新軍無帥故舍之

○師曠侍於晉侯晉侯曰衛人出其君不亦甚乎對曰或者其君實甚良君將賞善而刑淫養民如子蓋之如天容之如地民奉其君愛之如父母仰之如日月敬之如神明畏之如雷霆其可

出乎夫君神之主而民之望也若困民之主匱神乏祀百姓絕望社稷無主將安用之弗去何爲天生民而立之君使司牧之勿使失性有君而爲之貳使師保之勿使過度是故天子有公諸侯有卿卿置側室大夫有貳宗士有朋友庶人工商皁隸牧圉皆有親暱以相輔佐也善則賞之過則匡之患則救之失則革之自王以下各有父兄子弟以補察其政史爲書瞽爲詩工誦箴諫大夫規誨士傳言庶人謗商旅于市百

獨種句收稍覺閒然爲令經生用之已獻

工獻藝故夏書曰遒人以木鐸徇于路官師相規工執藝事以諫正月孟春於是乎有之諫失常也天之愛民甚矣豈其使一人肆於民上以從其淫而弃天地之性必不然矣

莒人侵我東鄙

秋楚公子貞帥師伐吴

秋楚子爲庸浦之役故子囊師于棠以伐吴吴不出而還子囊殿以吴爲不能而弗儆吴人自皐舟之隘要而擊之楚人不能相救吴人敗之

獲楚公子宜穀
○王使劉定公賜齊侯命曰昔伯舅大公右我先
王股肱周室師保萬民世胙大師以表東海王
室之不壞繄伯舅是賴今余命女環茲率舅氏
之典纂乃祖考無忝乃舊敬之哉無廢朕命
冬季孫宿會晉士匄宋華閱衛孫林父鄭公孫蠆
莒人邾人于戚
晉侯問衛故於中行獻子對曰不如因而定之
衛有君矣伐之未可以得志而勤諸侯史佚有

言曰因重而撫之仲虺有言曰亡者侮之亂者取之推亡固存國之道也君其定衛以待時乎

冬會于戚謀定衛也

○范宣子假羽毛於齊而弗歸齊人始貳

○楚子囊還自伐吳卒將死遺言謂子庚必城郢君子謂子囊忠君薨不忘增其名將死不忘衛社稷可不謂忠乎忠民之望也詩曰行歸于周萬民所望忠也

十有五年春宋公使向戌來聘二月巳亥及向戌

盟于劉

十五年春宋向戌來聘且尋盟見孟獻子尤其室曰子有令聞而美其室非所望也對曰我在晉吾兄爲之毀之重勞且不敢閒

劉夏逆王后于齊

官師從單靖公逆王后于齊卿不行非禮也

○楚公子午爲令尹公子罷戎爲右尹蔿子馮爲大司馬公子櫜師爲右司馬公子成爲左司馬屈到爲莫敖公子追舒爲箴尹屈蕩爲連尹養

此時卷耳詩已如此解必是所傳本說令朱傳改為思文王或未是

故為奇

由基爲宮廄尹以靖國人君子謂楚於是乎能官人官人國之急也能官人則民無覦心詩云嗟我懷人寘彼周行能官人也王及公侯伯子男甸采衛大夫各居其列所謂周行也

○鄭尉氏司氏之亂其餘盜在宋鄭人以子西伯有子產之故納賂于宋以馬四十乘與師茷師慧三月公孫黑爲質焉司城子罕以堵女父尉翩司齊與之良司臣而逸之託諸季武子武子寘諸卞鄭人醢之三人也師慧過宋朝將私焉

其相曰朝也慧曰無人焉相曰朝也何故無人慧曰必無人焉若猶有人豈其以千乘之相易淫樂之矇必無人焉故也子罕聞之固請而歸之

夏齊侯伐我北鄙圍成公救成至遇　季孫宿叔孫豹帥師城成郛

夏齊侯圍成貳于晉故也於是乎城成郛

秋八月丁巳日有食之

邾人伐我南鄙

秋邾人伐我南鄙使告于晉晉將爲會以討邾
莒晉侯有疾乃止冬晉悼公卒遂不克會
冬十有一月癸亥晉侯周卒
鄭公孫夏如晉奔喪子蟜送葬
○宋人或得玉獻諸子罕子罕弗受獻玉者曰以
示玉人玉人以爲寶也故敢獻之子罕曰我以
不貪爲寶爾以玉爲寶若以與我皆喪寶也不
若人有其寶稽首而告曰小人懷璧不可以越
鄉納此以請死也子罕寘諸其里使玉人爲之

一平敘然亦有
斷法

攻之富而後使復其所

○十二月鄭人奪堵狗之妻而歸諸范氏

十有六年春王正月葬晉悼公　三月公會晉侯宋公衞侯鄭伯曹伯莒子邾子薛伯杞伯小邾子于溴梁　戊寅大夫盟　晉人執莒子邾子以歸

十六年春葬晉悼公平公即位羊舌肸爲傅張君臣爲中軍司馬祁奚韓襄欒盈士鞅爲公族大夫虞丘書爲乘馬御改服脩官烝于曲沃警守而下會于溴梁命歸侵田以我故執邾宣公

莒犂比公且曰通齊楚之使晉侯與諸侯宴于
溫使諸大夫舞曰歌詩必類齊高厚之詩不類
荀偃怒且曰諸侯有異志矣使諸大夫盟高厚
高厚逃歸於是叔孫豹晉荀偃宋向戌衛甯殖
鄭公孫蠆小邾之大夫盟曰同討不庭
齊侯伐我北鄙
夏公至自會
五月甲子地震
叔老會鄭伯晉荀偃衛甯殖宋人伐許

許男請遷于晉諸侯遂遷許許大夫不可晉人歸諸侯鄭子蟜聞將伐許遂相鄭伯以從諸侯之師穆叔從公齊子帥師會晉荀偃書曰會鄭伯爲夷故也夏六月次于棫林庚寅伐許次于函氏晉荀偃欒黶帥師伐楚以報宋揚梁之役楚公子格帥師及晉師戰于湛阪楚師敗績晉師遂侵方城之外復伐許而還

秋齊侯伐我北鄙圍郕

秋齊侯圍郕孟孺子速徼之齊侯曰是好勇去

辭命

之以爲之名遬遂塞海陘而還

大雩

冬叔孫豹如晉

冬穆叔如晉聘且言齊故晉人曰以寡君之未禘祀與民之未息不然不敢忘穆叔曰以齊人之朝夕釋憾於敝邑之地是以大請敝邑之急朝不及夕引領西望曰庶幾乎比執事之閒恐無及也見中行獻子賦圻父獻子曰偃知罪矣敢不從執事以同恤社稷而使魯及此見范宣

子賦鴻鴈之卒章宣子曰匄在此敢使魯無鳩乎

十有七年春王二月庚午邾子牼卒

宋人伐陳

十七年春宋莊朝伐陳獲司徒卬卑宋也

夏衛石買帥師伐曹

衛孫蒯田于曹隧飲馬于重丘毀其瓶重丘人閉門而訽之曰親逐而君爾父爲厲是之不憂而何以田爲夏衛石買孫蒯伐曹取重丘曹人

亦有簡法

太作奇

愬于晉

秋齊侯伐我北鄙圍桃高厚帥師伐我北鄙圍防

齊人以其未得志于我故秋齊侯伐我北鄙圍桃高厚圍臧紇于防師自陽關逆臧孫至于旅松郰叔紇臧疇臧賈帥甲三百宵犯齊師送之而復齊師去之齊人獲臧堅齊侯使夙沙衛唁之且曰無死堅稽首曰拜命之辱抑君賜不終姑又使其刑臣禮於士以杙抉其傷而死

九月大雩

小有致

宋華臣出奔陳

宋華閱卒華臣弱臯比之室使賊殺其宰華吳賊六人以鈹殺諸盧門合左師之後左師懼曰老夫無罪賊曰臯比私有討於吳遂幽其妻曰畀余而大璧宋公聞之曰臣也不唯其宗室是暴大亂宋國之政必逐之左師曰臣也亦卿也大臣不順國之恥也不如蓋之乃舍之左師爲已短策苟過華臣之門必騁（句法）十一月甲午國人逐瘈狗瘈狗入於華臣氏國人從之華臣懼遂

語工風致在晳黔二字上
形容好

奔陳

冬邾人伐我南鄙

冬邾人伐我南鄙爲齊故也

○宋皇國父爲大宰爲平公築臺妨於農收子罕請俟農功之畢公弗許築者謳曰澤門之晳實興我役邑中之黔實慰我心子罕聞之親執扑以行築者而抶其不勉者曰吾儕小人皆有闔廬以辟燥濕寒暑今君爲一臺而不速成何以爲役謳者乃止或問其故子罕曰宋國區區而

頗似檀弓語

有詛有祝禍之本也

○齊晏桓子卒晏嬰麤縗斬苴絰帶杖菅屨食鬻居倚廬寢苫枕草其老曰非大夫之禮也曰唯卿為大夫

十有八年春白狄來

十八年春白狄始來

夏晉人執衛行人石買

夏晉人執衛行人石買于長子執孫蒯于純留為曹故也

寫怪夢奇

秋齊師伐我北鄙

秋齊侯伐我北鄙

冬十月公會晉侯宋公衛侯鄭伯曹伯莒子邾子滕子薛伯杞伯小邾子同圍齊

中行獻子將伐齊夢與厲公訟弗勝公以戈擊之首隊於前跪而戴之奉之以走見梗陽之巫皋。他日見諸道與之言同巫曰今茲主必死若有事於東方則可以逞獻子許諾晉侯伐齊將濟河獻子以朱絲係玉二瑴而禱曰齊環怙恃

亦隸勁不甚
誘發

其險負其衆庶弃好背盟陵虐神主曾臣彪將率諸侯以討焉其官臣偃實先後之苟捷有功無作神羞官臣偃無敢復濟唯爾有神裁之沈玉而濟冬十月會于魯濟尋湨梁之言同伐齊齊侯禦諸平陰塹防門而守之廣里夙沙衛曰不能戰莫如守險弗聽諸侯之士門焉齊人多死范宣子告析文子曰吾知子敢匿情乎魯人莒人皆請以車千乘自其鄉入既許之矣若入君必失國子盍圖之子家以告公公恐晏嬰聞

柴茫根旆先來是一事

三齊師其遁句同調態

之曰君固無勇而又聞是弗能久矣齊侯登巫山以望晉師晉人使司馬斥山澤之險雖所不至必旆而疏陳之使乘車者左實右僞以旆先輿曳柴而從之齊侯見之畏其衆也乃脫歸丙寅晦齊師夜遁師曠告晉侯曰鳥烏之聲樂齊師其遁邢伯告中行伯曰有班馬之聲齊師其遁叔向告晉侯曰城上有烏齊師其遁十一月丁卯朔入平陰遂從齊師夙沙衛連大車以塞隧而殿殖綽郭最曰子殿國師齊之辱也子姑

曲敘有過于繪事造語之妙

前多敘戰事必先述三軍師佐此章卻全此乃出亦是變法萩林句鮮作致

先乎乃代之殿衞殺馬於隘以塞道晉州綽及之射殖綽中肩兩矢夾脰曰止將為三軍獲不止將取其衷顧曰為私誓州綽曰有如日乃弛弓而自後縛之其右具丙亦舍兵而縛郭最皆衿甲面縛坐于中軍之鼓下晉人欲逐歸者魯衞請攻險己卯荀偃士匄以中軍克京茲乙酉魏絳欒盈以下軍克邿趙武韓起以上軍圍盧弗克十二月戊戌及秦周伐雍門之萩范鞅門于雍門其御追喜以戈殺犬于門中孟莊子斬

速疾同義當是速疾略為向犯之當是突闔而出耳注云將犯之而行解未快何入東侵耶上着一二語不明

其㰖以爲公琴已亥焚雍門及西郭南郭劉難士弱率諸侯之師焚申池之竹木壬寅焚東郭北郭范鞅門于揚門州綽門于東閭左驂迫還于門中以枚數闔齊侯駕將走郵棠大子與郭榮扣馬曰師速而疾略也將退矣君何懼焉且社稷之主不可以輕輕則失衆君必待之將犯之大子抽劍斷鞅乃止甲辰東侵及濰南及沂

曹伯負芻卒于師

楚公子午帥師伐鄭

鄭子孔欲去諸大夫將叛晉而起楚師以去之使告子庚子庚弗許楚子聞之使揚豚尹宜告子庚曰國人謂不穀主社稷而不出師死不從禮不穀即位於今五年師徒不出人其以不穀爲自逸而忘先君之業矣大夫圖之其若之何子庚歎曰君王其謂午懷安乎吾以利社稷也見使者稽首而對曰諸侯方睦於晉臣請嘗之若可君而繼之不可收師而退可以無害君亦無辱子庚帥師治兵於汾於是子蟜伯有子張

不甚具法但以詳叙見也亦覺𫉬閒

從鄭伯伐齊子孔子展子西守二子知子孔之謀完守入保子孔不敢會楚師楚師伐鄭次於魚陵右師城上棘遂涉潁次于旃然蔿子馮公子格率銳師侵費滑胥靡獻于雍梁右回梅山侵鄭東北至于蟲牢而反子庚門于純門信于城下而還涉於魚齒之下甚雨及之楚師多凍役徒幾盡晉人聞有楚師師曠曰不害吾驟歌北風又歌南風南風不競多死聲楚必無功董叔曰天道多在西北南師不時必無功叔向曰

在其君之德也

十有九年春王正月諸侯盟于祝柯　晉人執邾子　公至自伐齊取邾田自漷水

十九年春諸侯還自沂上盟于督揚曰大毋侵小執邾悼公以其伐我故遂次于泗上疆我田取邾田自漷水歸之于我晉侯先歸公享晉六卿于蒲圃賜之三命之服軍尉司馬司空輿尉候奄皆受一命之服賄荀偃束錦加璧乘馬先吳壽夢之鼎

〇荀偃癉疽生瘍於頭濟河及著雍病目出大夫先歸者皆反士匄請見弗內請後曰鄭甥可二月甲寅卒而視不可含宣子盥而撫之曰事吳敢不如事主猶視欒懷子曰其爲未卒事於齊故也乎乃復撫之曰主茍終所不嗣事于齊者有如河乃瞑受含宣子出曰吾淺之爲丈夫也

句法

晉欒魴帥師從衛孫文子伐齊

季孫宿如晉

季武子如晉拜師晉侯享之范宣子爲政賦黍

點串照大略
是左氏常調

苗季武子興再拜稽首曰小國之仰大國也如百穀之仰膏雨焉若常膏之其天下輯睦豈唯敝邑賦六月

○季武子以所得於齊之兵作林鐘而銘魯功焉臧武仲謂季孫曰非禮也夫銘天子令德諸侯言時計功大夫稱伐今稱伐則下等也計功則借人也言時則妨民多矣何以為銘且夫大伐小取其所得以作彝器銘其功烈以示子孫昭明德而懲無禮也今將借人之力以救其死若

雙字對單字
不嫌不倫嗎

之何銘之小國幸於大國而昭所獲焉以怒之

亡之道也

葬曹成公

夏衛孫林父帥師伐齊

秋七月辛卯齊侯環卒

齊侯娶于魯曰顏懿姬無子其姪鬷聲姬生光以爲大子諸子仲子戎子戎子嬖仲子生牙屬諸戎子戎子請以爲大子許之仲子曰不可廢常不祥閒諸侯難光之立也列於諸侯矣今無

字句都欲其倫彼時文格蓋如此

故而廢之是專黜諸侯而以難犯不祥也君必悔之公曰在我而已遂東大子光使高厚傅牙以爲大子夙沙衛爲少傅齊侯疾崔杼微逆光疾病而立之光殺戎子尸諸朝非禮也婦人無刑雖有刑不在朝市夏五月壬辰晦齊靈公卒莊公即位執公子牙於句瀆之丘以夙沙衛易已衛奔高唐以叛

晉士匄帥師侵齊至穀聞齊侯卒乃還

晉士匄侵齊及穀聞喪而還禮也

〇於四月丁未鄭公孫蠆卒赴於晉大夫范宣子言於晉侯以其善於伐秦也六月晉侯請於王王追賜之大路使以行禮也

八月丙辰仲孫蔑卒

齊殺其大夫高厚

秋八月齊崔杼殺高厚於灑藍而兼其室書曰齊殺其大夫從君於昏也

鄭殺其大夫公子嘉

鄭子孔之爲政也專國人患之乃討西宮之難

敘事亦有態

與純門之師子孔當罪以其甲及子革子良氏之甲守甲辰子展子西率國人伐之殺子孔而分其室書曰鄭殺其大夫專也子然子孔宋子之子也士子孔圭嬀之子也圭嬀之班亞宋子而相親也士子孔亦相親也僖之四年子然卒簡之元年士子孔卒司徒孔實相子革子良之室三室如一故及於難子革子良出奔楚子革爲右尹鄭人使子展當國子西聽政立子產爲卿

若作偶語

冬葬齊靈公

○齊慶封圍高唐弗克冬十一月齊侯圍之見衞在城上號之乃下問守備焉以無備告揖之乃登聞師將傅食高唐人殖綽工僂會夜縋納師醢衞于軍

城西郛

城西郛懼齊也

叔孫豹會晉士匄于柯

齊及晉平盟于大隧故穆叔會范宣子于柯穆

叔見叔向賦載馳之四章叔向曰肸敢不承命

城武城

穆叔歸曰齊猶未也不可以不懼乃城武城

○衛石恭子卒悼子不哀孔成子曰是謂蹷其本

必不有其宗

二十年春王正月辛亥仲孫速會莒人盟于向

二十年春及莒平孟莊子會莒人盟于向督揚

之盟故也

夏六月庚申公會晉侯齊侯宋公衛侯鄭伯曹伯

亦有綜括貫串法

莒子邾子滕子薛伯杞伯小邾子盟于澶淵

夏盟于澶淵齊成故也

秋公至自會

仲孫速帥師伐邾

邾人驟至以諸侯之事弗能報也秋孟莊子伐邾以報之

蔡殺其大夫公子燮　蔡公子履出奔楚　陳侯之弟黃出奔楚

蔡公子燮欲以蔡之晉蔡人殺之公子履其母

弟也故出奔楚陳慶虎慶寅畏公子黃之偪愬諸楚曰與蔡司馬同謀楚人以爲討公子黃出奔楚初蔡文侯欲事晉曰先君與於踐土之盟晉不可弃且兄弟也畏楚不能行而卒楚人使蔡無常公子燮求從先君以利蔡不能而死書曰蔡殺其大夫公子燮言不與民同欲也陳侯之弟黃出奔楚言非其罪也公子黃將出奔呼於國曰慶氏無道求專陳國暴蔑其君而去其親五年不滅是無天也

叔老如齊

齊子初聘于齊禮也

冬十月丙辰朔日有食之

季孫宿如宋

冬季武子如宋報向戌之聘也褚師段逆之以受享賦常棣之七章以卒宋人重賄之歸復命公享之賦魚麗之卒章公賦南山有臺武子去所曰臣不堪也

○衞甯惠子疾召悼子曰吾得罪於君悔而無及

故作不進語以斷下

也名藏在諸侯之策曰孫林父甯殖出其君君入則掩之若能掩之則吾子也若不能猶有鬼神吾有餒而已不來食矣悼子許諾惠子遂卒

二十有一年春王正月公如晉

二十一年春公如晉拜師及取邾田也

邾庶其以漆閭丘來奔

邾庶其以漆閭丘來奔季武子以公姑姊妻之皆有賜於其從者於是魯多盜季孫謂臧武仲曰子盍詰盜武仲曰不可詰也紇又不能季孫

應上詰鍊動

敘事語亦淨

曰我有四封而詰其盜何故不可子爲司寇將盜是務去若之何不能武仲曰子召外盜而大禮焉何以止吾盜子爲正卿而來外盜使紇去之將何以能庶其竊邑於邾以來子以姬氏妻之而與之邑其從者皆有賜焉若大盜禮焉以君之姑姊與其大邑其次皁牧輿馬其小者衣裳劍帶是賞盜也賞而去之其或難焉紇也聞之在上位者洒濯其心壹以待人軌度其信可明徵也而後可以治人夫上之所爲民之歸也

漸近戰國調法

上所不爲而民或爲之是以加刑罰焉而莫敢不懲若上之所爲而民亦爲之乃其所也又可禁乎夏書曰念茲在茲釋茲在茲名言茲在茲允出茲在茲惟帝念功將謂由巳壹也信由巳壹而後功可念也庶其非卿也以地來雖賤必書重地也

○齊侯使慶佐爲大夫復討公子牙之黨執公子買于句瀆之丘公子鉏來奔叔孫還奔燕

夏公至自晉

曲寫佳湯醫
而色更濃

○夏楚子庚卒楚子使薳子馮爲令尹訪於申叔豫叔豫曰國多寵而王弱國不可爲也遂以疾辭方暑闕地下冰而牀焉重繭衣裘鮮食而寢楚子使醫視之復曰瘠則甚矣而血氣未動乃使子南爲令尹

秋晉欒盈出奔楚

欒桓子娶於范宣子生懷子范鞅以其亡也怨欒氏故與欒盈爲公族大夫而不相能桓子卒欒祁與其老州賓通幾亡室矣懷子患之祁懼

氣勁而辭贍

人謂一波

其討也愬諸宣子曰盈將爲亂以范氏爲死桓主而專政矣曰吾父逐鞅也不怒而以寵報之又與吾同官而專之吾父死而益富死吾父而專於國有死而已吾蔑從之矣其謀如是懼害於主吾不敢不言范鞅爲之徵懷子好施士多歸之宣子畏其多士也信之懷子爲下卿宣子使城著而遂逐之秋欒盈出奔楚宣子殺箕遺黃淵嘉父司空靖邴豫董叔邴師申書羊舌虎叔羆因伯華叔向籍偃人謂叔向曰子離於罪

有閒雅趣
樂王鮒二波
其人三波
室老四波
醒破的
答語軟直收
一一應轉若合作序記然

其爲不知乎叔向曰與其死亡若何詩曰優哉游哉聊以卒歲知也樂王鮒見叔向曰吾爲子請叔向弗應出不拜其人皆咎叔向叔向曰必祁大夫室老聞之曰樂王鮒言於君無不行求赦吾子吾子不許祁大夫所不能也而曰必由之何也叔向曰樂王鮒從君者也何能行祁大夫外舉不弃讐內舉不失親其獨遺我乎詩曰有覺德行四國順之夫子覺者也晉侯問叔向之罪於樂王鮒對曰不弃其親其有焉於是祁

婉雅有節奏

三事以不非見勢

又添此奇

奚老矣聞之乘馹而見宣子曰詩曰惠我無疆子孫保之書曰聖有謨勳明徵定保夫謀而鮮過惠訓不倦者叔向有焉社稷之固也猶將十世宥之以勸能者今壹不免其身以弃社稷不亦惑乎鯀殛而禹興伊尹放大甲而相之卒無怨色管蔡爲戮周公右王若之何其以虎也弃社稷子爲善誰敢不勉多殺何爲宣子說與之乘以言諸公而免之不見叔向而歸叔向亦不告免焉而朝初叔向之母妬叔虎之母美而不

兩四字偶語都湊得調諧

辭命鏃鏃力到色濃而調適兼掃議論

使其子皆諫其母其母曰深山大澤實生龍蛇彼美余懼其生龍蛇以禍女女敝族也國多大寵不仁人閒之不亦難乎余何愛焉使往視寢生叔虎美而有勇力欒懷子嬖之故羊舌氏之族及於難欒盈過於周周西鄙掠之辭於行人曰天子陪臣盈得罪於王之守臣將逃罪罪重於郊甸無所伏竄敢布其死昔陪臣書能輸力於王室王施惠焉其子黶不能保任其父之勞大君若不弃書之力亡臣猶有所逃若弃書之

力而思黶之罪臣戮餘也將歸死於尉氏不敢還矣敢布四體唯大君命焉王曰尤而效之其又甚焉使司徒禁掠欒氏者歸所取焉使候出諸轘轅

九月庚戌朔日有食之

冬十月庚辰朔日有食之

曹伯來朝

冬曹武公來朝始見也

公會晉侯齊侯宋公衛侯鄭伯曹伯莒子邾子于

簡而多俏是小境佳文字

商任

會于商任錮欒氏也齊侯衛侯不敬叔向曰二君者必不免會朝禮之經也禮政之輿也政身之守也怠禮失政失政不立是以亂也

○知起中行喜州綽邢蒯出奔齊皆欒氏之黨也樂王鮒謂范宣子曰盍反州綽邢蒯勇士也宣子曰彼欒氏之勇也余何獲焉王鮒曰子爲彼欒氏乃亦子之勇也

○俏○句○

○齊莊公朝指殖綽郭最曰是寡人之雄也州綽

兩語畫前覺減味態宜俱別擬句方妙

曰君以爲雄誰敢不雄然臣不敏平陰之役先二子鳴莊公爲勇爵殖綽郭最欲與焉州綽曰東閭之役臣左驂迫還於門中識其枚數其可以與於此乎公曰子爲晉君也對曰臣爲隸新然二子者譬於禽獸臣食其肉而寢處其皮矣

萬曆丙辰夏吳興閔齊華

閔齊伋閔象泰分次經傳

襄公下

二十有二年春王正月公至自會

○二十二年春臧武仲如晉雨過御叔御叔在其邑將飲酒曰焉用聖人我將飲酒而已雨行何以聖爲穆叔聞之曰不可使也而傲使人國之蠹也令倍其賦

夏四月

○夏晉人徵朝于鄭鄭人使少正公孫僑對曰在

敘事調法大約祖子家告趙宣子而微加映又間用呂相絕秦法細玩[illegible]是微放為之諧謔古人無模擬耶

上既謂我鄭為申禮此則不共有禮明是謂不[illegible]矣應楚

晉先君悼公九年我寡君於是即位即位八月而我先大夫子駟從寡君以朝于執事執事不禮於寡君寡君懼因是行也我二年六月朝于楚晉是以有戲之役楚人猶競而申禮於敝邑敝邑欲從執事而懼為大尤曰晉其謂我不共有禮是以不敢攜貳於楚我四年三月先大夫子蟜又從寡君以觀釁於楚晉於是乎有蕭魚之役謂我敝邑邇在晉國譬諸草木吾臭味也而何敢差池楚亦不競寡君盡其土實重之以

朝夕在庭謂能量鄭之心在晉則雖不朝日日如在堂下以爲口實謂

宗器以受齊盟遂帥羣臣隨于執事以會歲終貳於楚者子侯石盂歸而討之溴梁之明年子蟜老矣公孫夏從寡君以朝于君見於嘗酎與執燔焉閒二年聞君將靖東夏四年又朝以聽事期不朝之閒無歲不聘無役不從以大國政令之無常國家罷病不虞荐至無日不惕豈敢忘職大國若安定之其朝夕在庭何辱命焉若不恤其患而以爲口實其無乃不堪任命而翦爲仇讎敝邑是懼其敢忘君命委諸執事執事

但據一次不朝即執為罪名則不堪而將他往

實重圖之

秋七月辛酉叔老卒

○秋欒盈自楚適齊晏平仲言於齊侯曰商任之會受命於晉今納欒氏將安用之小所以事大信也失信不立君其圖之弗聽退告陳文子曰君人執信臣人執共忠信篤敬上下同之天之道也君自弃也弗能久矣

○九月鄭公孫黑肱有疾歸邑于公召室老宗人立段而使黜官薄祭祭以特羊殷以少牢足以

供祀盡歸其餘邑曰吾聞之生於亂世貴而能貧民無求焉可以後亡敬共事君與二三子生在敬戒不在富也己巳伯張卒君子曰善戒詩曰愼爾侯度用戒不虞鄭子張其有焉

冬公會晉侯齊侯宋公衛侯鄭伯曹伯莒子邾子薛伯杞伯小邾子于沙隨

冬會于沙隨復錮欒氏也欒盈猶在齊晏子曰禍將作矣齊將伐晉不可以不懼

公至自會

敘事精細詞情詞境意態自婉雅

楚殺其大夫公子追舒

楚觀起有寵於令尹子南未益祿而有馬數十乘楚人患之王將討焉子南之子弃疾爲王御士王每見之必泣弃疾曰君三泣臣矣敢問誰之罪也王曰令尹之不能爾所知也國將討焉爾其居乎對曰父戮子居君焉用之洩命重刑臣亦不爲王遂殺子南於朝轘觀起於四竟子南之臣謂弃疾請徙子尸於朝曰君臣有禮唯二三子三日弃疾請尸王許之旣葬其徒曰行

貧之諫語

略變前句

以有境妙

只微挫無須更着語

自御即摩是打斤意不能

乎曰吾與殺吾父行將焉入曰然則臣王乎曰棄父事讎吾弗忍也遂縊而死復使薳子馮爲令尹公子齮爲司馬屈建爲莫敖有寵於薳子者八人皆無祿而多馬他日朝與申叔豫言弗應而退從之入於人中又從之遂歸退朝見之曰子三困我於朝吾懼不敢不見吾過子姑告我何疾我也對曰吾不免是懼何敢告子曰何故對曰昔觀起有寵於子南子南得罪觀起車裂何故不懼自御而歸不能當道至謂八人者

書通取徑也
皆是欲速

亦有簡法

曰吾見申叔夫子所謂生死而肉骨也知我者如夫子則可不然請止辭八人者而後王安之

○十二月鄭游眅將如晉未出竟遭逆妻者奪之以館于邑丁巳其夫攻子明殺之以其妻行子展廢良而立大叔曰國卿君之貳也民之主也不可以苟請舍子明之類求亡妻者使復其所使游氏弗怨曰無昭惡也

二十有三年春王二月癸酉朔日有食之

三月己巳杞伯匄卒

是簡法亦錄而巧

二十三年春杞孝公卒晉悼夫人喪之平公不徹樂非禮也禮爲鄰國闕

夏邾畀我來奔

葬杞孝公

陳殺其大夫慶虎及慶寅　陳侯之弟黃自楚歸于陳

陳侯如楚公子黃愬二慶於楚楚人召之使慶樂往殺之慶氏以陳叛夏屈建從陳侯圍陳陳人城板隊而殺人役人相命各殺其長遂殺慶

敘事入細頭緒多而綜括有法讀之樂[illegible]無厭

虎慶寅楚人納公子黃君子謂慶氏不義不可肆也故書曰惟命不于常

晉欒盈復入于晉入于曲沃

晉將嫁女于吳齊侯使析歸父媵之以藩載欒盈及其士納諸曲沃欒盈夜見胥午而告之對曰不可天之所廢誰能興之子必不免吾非愛死也知不集也盈曰雖然因子而死吾無悔矣我實不天子無咎焉許諾伏之而觴曲沃人樂作午言曰今也得欒孺子何如對曰得主而爲

得六氏大有筆力慾而不排

鐵未盡錄法

之死猶不死也皆歎有泣者爵行又言皆曰得主何貳之有盈出徧拜之四月欒盈帥曲沃之甲因魏獻子以晝入絳初欒盈佐魏莊子於下軍獻子私焉故因之趙氏以原屛之難怨欒氏韓趙方睦中行氏以伐秦之役怨欒氏而固與范氏和親知悼子少而聽於中行氏程鄭嬖於公唯魏氏及七輿大夫與之樂王鮒侍坐於范宣子或告曰欒氏至矣宣子懼桓子曰奉君以走固宮必無害也且欒氏多怨子爲政欒氏自

亦以境妙

外子在位其利多矣既有利權又執民柄將何
懼焉欒氏所得其唯魏氏乎而可強取也夫克
亂在權子無懈矣公有姻喪王鮒使宣子墨縗
冒絰二婦人輦以如公奉公以如固宮范鞅逆
魏舒則成列既乘將逆欒氏矣趨進曰欒氏帥
賊以入鞅之父與二三子在君所矣使鞅逆吾
子鞅請驂乘持帶遂超乘右撫劍左援帶命驅
之出僕請鞅曰之公宣子逆諸階執其手賂之
以曲沃初斐豹隸也著於丹書欒氏之力臣曰

大提狼法

曲敘佳

督戎國人懼之斐豹謂宣子曰苟焚丹書我殺督戎宣子喜曰而殺之所不請於君焚丹書者有如日乃出豹而閉之督戎從之踰隱而待之督戎踰入豹自後擊而殺之范氏之徒在臺後欒氏乘公門宣子謂鞅曰矢及君屋死之鞅用劍以帥卒欒氏退攝車從之遇欒樂曰樂免之死將訟女於天樂射之不中又注則乘槐本而覆或以戟鉤之斷肘而死欒魴傷欒盈奔曲沃晉人圍之

陣法可觀

秋齊侯伐衛遂伐晉

秋齊侯伐衛先驅穀榮御王孫揮召揚爲右申驅成秩御莒恒申鮮虞之傅摯爲右曹開御戎晏父戎爲右貳廣上之登御邢公盧蒲癸爲右啟牢成御襄罷師狼蘧疏爲右胠商子車御侯朝桓跳爲右大殿商子游御夏之御寇崔如爲右燭庸之越駟乘自衛將遂伐晉晏平仲曰君恃勇力以伐盟主若不濟國之福也不德而有功憂必及君崔杼諫曰不可臣聞之小國閒大

國之敗而毀焉必受其咎君其圖之弗聽陳文子見崔武子曰將如君何武子曰吾言於君君弗聽也以爲盟主而利其難羣臣若急君於何有子姑止之文子退告其人曰崔子將死乎謂君甚而又過之不得其死過君以義猶自抑也況以惡乎齊侯遂伐晉取朝歌爲二隊入孟門登大行張武軍於熒庭戍郫邵封少水以報平陰之役乃還趙勝帥東陽之師以追之獲晏氂

八月叔孫豹帥師救晉次于雍榆

風瑣細佳

拎得妙

八月叔孫豹帥師救晉次于雍榆禮也

巳卯仲孫速卒　冬十月乙亥臧孫紇出奔邾

季武子無適子公彌長而愛悼子欲立之訪於申豐曰彌與紇吾皆愛之欲擇才焉而立之申豐趨退歸盡室將行他日又訪焉對曰其然將具敝車而行乃止訪於臧紇臧紇曰飲我酒吾爲子立之季氏飲大夫酒臧紇爲客既獻臧孫命北面重席新樽絜之召悼子降逆之大夫皆起及旅而召公鉏使與之齒季孫失色季氏以

閒語俱工

公鉏爲馬正慍而不出閔子馬見之曰子無然禍福無門唯人所召爲人子者患不孝不患無所敬共父命何常之有若能孝敬富倍季氏可也姦回不軌禍倍下民可也公鉏然之敬共朝夕恪居官次季孫喜使飲己酒而以具往盡舍旃故公鉏氏富又出爲公左宰孟孫惡臧孫季孫愛之孟氏之御騶豐點好羯也曰從余言必爲孟孫再三云羯從之孟莊子疾豐點謂公鉏苟立羯請讎臧氏公鉏謂季孫曰孺子秩固其

所也若羯立則季氏信有力於臧氏矣弗應己
卯孟孫卒公鉏奉羯立于戶側季孫至入哭而
出曰秩焉在公鉏曰羯在此矣季孫曰孺子長
公鉏曰何長之有唯其才也且夫子之命也遂
立羯秩奔邾臧孫入哭甚哀多涕出其御曰孟
孫之惡子也而哀如是季孫若死其若之何臧
孫曰季孫之愛我疾疢也孟孫之惡我藥石也
美疢不如惡石夫石猶生我疢之美其毒滋多
孟孫死吾亡無日矣孟氏閉門告於季孫曰臧

辭命

氏將爲亂不使我葬季孫不信臧孫聞之戒冬十月孟氏將辟藉除於臧氏臧孫使正夫助之除於東門甲從已而視之孟氏又告季孫季孫怒命攻臧氏乙亥臧紇斬鹿門之關以出奔邾初臧宣叔娶于鑄生賈及爲而死繼室以其姪穆姜之姨子也生紇長於公宮姜氏愛之故立之臧賈臧爲出在鑄臧武仲自邾使告臧賈且致大蔡焉曰紇不佞失守宗祧敢告不弔紇之罪不及不祀子以大蔡納請其可賈曰是家之

偏有詩多委曲

辟邑二字見要意

餘波淋漓

禍也非子之過也賈聞命矣再拜受龜使爲以納請遂自爲也臧孫如防使來告曰紇非能害也知不足也非敢私請苟守先祀無廢二勳敢不辟邑乃立臧爲臧紇致防而奔齊其人曰其盟我乎臧孫曰無辭將盟臧氏季孫召外史掌惡臣而問盟首焉對曰盟東門氏也曰毋或如東門遂不聽公命殺適立庶盟叔孫氏也曰毋或如叔孫僑如欲廢國常蕩覆公室季孫曰臧孫之罪皆不及此孟椒曰盍以其犯門斬關季

亦是如此敘而但覺色不甚濃

孫用之乃盟臧氏曰無或如臧孫紇干國之紀犯門斬關臧孫聞之曰國有人焉誰居其孟椒乎

晉人殺欒盈

晉人克欒盈于曲沃盡殺欒氏之族黨欒魴出奔宋書曰晉人殺欒盈不言大夫言自外也

齊侯襲莒

齊侯還自晉不入遂襲莒門于且于傷股而退明日將復戰期于壽舒杞殖華還載甲夜入且

此亦常語

辭命

于之隧宿於莒郊明日先遇莒子於蒲侯氏莒子重賂之使無死曰請有盟華周對曰貪貨弃命亦君所惡也昏而受命日未中而弃之何以事君莒子親鼓之從而伐之獲杞梁莒人行成齊侯歸遇杞梁之妻於郊使弔之辭曰殖之有罪何辱命焉若免於罪猶有先人之敝廬在下妾不得與郊弔齊侯弔諸其室

○齊侯將爲臧紇田臧孫聞之見齊侯與之言伐晉對曰多則多矣抑君似鼠夫鼠晝伏夜動不

宄於寢廟畏人故也今君聞晉之亂而後作焉寧將事之非鼠如何乃弗與田仲尼曰知之難也有臧武仲之知而不容於魯國抑有由也作不順而施不恕也夏書曰念茲在茲順事恕施也

二十有四年春叔孫豹如晉

二十四年春穆叔如晉范宣子逆之問焉曰古人有言曰死而不朽何謂也穆叔未對宣子曰昔匄之祖自虞以上爲陶唐氏在夏爲御龍氏

三立之説始此于今則已爲常談

此書語亦已熟但尚未至腐

在商爲豕韋氏在周爲唐杜氏晉主夏盟爲范氏其是之謂乎穆叔曰以豹所聞此之謂世祿非不朽也魯有先大夫曰臧文仲既没其言立其是之謂乎豹聞之大上有立德其次有立功其次有立言雖久不廢此之謂不朽若夫保姓受氏以守宗祊世不絶祀無國無之祿之大者不可謂不朽

○范宣子爲政諸侯之幣重鄭人病之二月鄭伯如晉子產寓書於子西以告宣子曰子爲晉國

四鄰諸侯不聞令德而聞重幣僑也惑之僑聞君子長國家者非無賄之患而無令名之難夫諸侯之賄聚於公室則諸侯貳若吾子賴之則晉國貳諸侯貳則晉國壞晉國貳則子之家壞何沒沒也將焉用賄夫令名德之輿也德國家之基也有基無壞無亦是務乎有德則樂樂則能久詩云樂旨君子邦家之基有令德也夫上帝臨女無貳爾心有令名也夫恕思以明德則令名載而行之是以遠至邇安毋寧使人謂子

兩鍊語絕勁隋上句重子字尤有態象有齒句緊接而陵佳於勢險好更無容再着語

子實生我而謂子浚我以生乎象有齒以焚其身賄也宣子說乃輕幣是行也鄭伯朝晉爲重幣故且請伐陳也鄭伯稽首宣子辭子西相曰以陳國之介恃大國而陵虐於敝邑寡君是以請罪焉敢不稽首

仲孫羯帥師侵齊

孟孝伯侵齊晉故也

夏楚子伐吳

夏楚子爲舟師以伐吳不爲軍政無功而還

秋七月甲子朔日有食之既

齊崔杼帥師伐莒

齊侯既伐晉而懼將欲見楚子楚子使薳啟彊如齊聘且請期齊社蒐軍實使客觀之陳文子曰齊將有寇吾聞之兵不戢必取其族秋齊侯聞將有晉師使陳無宇從薳啟彊如楚辭且乞師崔杼帥師送之遂伐莒侵介根

大水

八月癸巳朔日有食之

公會晉侯宋公衞侯鄭伯曹伯莒子邾子滕子薛伯杞伯小邾子于夷儀

會于夷儀將以伐齊水不克

冬楚子蔡侯陳侯許男伐鄭

冬楚子伐鄭以救齊門于東門次于棘澤諸侯還救鄭晉侯使張骼輔躒致楚師求御于鄭鄭人卜宛射犬吉子大叔戒之曰大國之人不可與也對曰無有衆寡其上一也大叔曰不然部婁無松栢二子在幄坐射犬于外旣食而後食

事絕奇能亦絕奇後代無此技亦無此事

之使御廣車而行已皆乘乘車將及楚師而後從之乘皆踞轉而鼓琴近不告而馳之皆取冑於櫜而冑入壘皆下搏人以投收禽挾囚弗待而出皆超乘抽弓而射既免復踞轉而鼓琴曰公孫同乘兄弟也胡再不謀對曰曩者志入而已今則怯也皆笑曰公孫之亟也楚子自棘澤還使薳啓彊帥師送陳無宇

○吳人爲楚舟師之役故召舒鳩人舒鳩人叛楚楚子師于荒浦使沈尹壽與師祁犂讓之舒鳩

子敬逆二子而告無之且請受盟二子復命王欲伐之薳子曰不可彼告不叛且請受盟而又伐之伐無罪也姑歸息民以待其卒卒而不貳吾又何求若猶叛我無辭有庸乃還

公至自會

陳鍼宜咎出奔楚

陳人復討慶氏之黨鍼宜咎出奔楚

叔孫豹如京師

齊人城郟穆叔如周聘且賀城王嘉其有禮也

賜之大路

大饑

○晉侯嬖程鄭使佐下軍鄭行人公孫揮如晉聘程鄭問焉曰敢問降階何由子羽不能對歸以語然明然明曰是將死矣不然將亡貴而知懼懼而思降乃得其階下人而已又何問焉且夫既登而求降階者知人也不在程鄭其有亡釁乎不然其有惑疾將死而憂也

二十有五年春齊崔杼帥師伐我北鄙

此敘事亦平平未見妙處

二十五年春齊崔杼帥師伐我北鄙以報孝伯之師也公患之使告于晉孟公綽曰崔子將有大志不在病我必速歸何患焉其來也不寇使民不嚴異於他日齊師徒歸

夏五月乙亥齊崔杼弒其君光

齊棠公之妻東郭偃之姊也東郭偃臣崔武子棠公死偃御武子以弔焉見棠姜而美之使偃取之偃曰男女辨姓今君出自丁臣出自桓不可武子筮之遇困䷮之大過䷛史皆曰吉示陳

文子文子曰夫從風風隕妻不可娶也且其繇曰困于石據于蒺藜入于其宮不見其妻凶困于石往不濟也據于蒺藜所恃傷也入于其宮不見其妻凶無所歸也崔子曰嫠也何害先夫當之矣遂取之莊公通焉驟如崔氏以崔子之冠賜人侍者曰不可公曰不爲崔子其無冠乎崔子因是又以其閒伐晉也曰晉必將報欲弑公以說于晉而不獲閒公鞭侍人賈舉而又近之乃爲崔子閒公夏五月莒爲且于之役故莒

春本紀三弗
許想祖此

子朝于齊甲戌饗諸北郭崔子稱疾不視事乙亥公問崔子遂從姜氏姜入于室與崔子自側戶出公拊楹而歌侍人賈舉止衆從者而入閉門甲興公登臺而請弗許請盟弗許請自刃於廟弗許皆曰君之臣杼疾病不能聽命近於公宮陪臣干掫有淫者不知二命公踰牆又射之中股反隊遂弒之賈舉州綽邴師公孫敖封具鐸父襄伊僂堙皆死祝佗父祭於高唐至復命不說弁而死於崔氏申蒯侍漁者退謂其宰曰

意句重俱工絕而意尤超出可謂神品

爾以帑免我將死其宰曰免是反子之義也與之皆死崔氏殺鬷蔑于平陰晏子立於崔氏之門外其人曰死乎曰獨吾君也乎哉吾死也曰行乎曰吾罪也乎哉吾亡也曰歸乎曰君死安歸君民者豈以陵民社稷是主臣君者豈爲其口實社稷是養故君爲社稷死則死之爲社稷亡則亡之若爲己死而爲己亡非其私暱誰敢任之且人有君而弒之吾焉得死之而焉得亡之將庸何歸門啟而入枕尸股而哭興三踊而

出人謂崔子必殺之崔子曰民之望也舍之得
民盧蒲癸奔晉王何奔莒叔孫宣伯之在齊也
叔孫還納其女於靈公嬖生景公丁丑崔杼立
而相之慶封爲左相盟國人於大宮曰所不與
崔慶者晏子仰天歎曰嬰所不唯忠於君利社
稷者是與有如上帝乃歃辛巳公與大夫及莒
子盟大史書曰崔杼弒其君崔子殺之其弟嗣
書而死者二人其弟又書乃舍之南史氏聞大
史盡死執簡以往聞旣書矣乃還閭丘嬰以帷

相形有致

縛其妻而載之與申鮮虞乘而出鮮虞推而下之曰君昏不能匡危不能救死不能死而知匿其暱其誰納之行及弇中將舍嬰曰崔慶其追我鮮虞曰一與一誰能懼我遂舍枕轡而寢食馬而食駕而行出弇中謂嬰曰速驅之崔慶之衆不可當也遂來奔崔氏側莊公于北郭丁亥葬諸士孫之里四翣不蹕下車七乘不以兵甲○

公會晉侯宋公衛侯鄭伯曹伯莒子滕子邾子薛伯杞伯小邾子于夷儀

師旅是出者處守是居者總承上六正以下言

晉侯濟自泮會于夷儀伐齊以報朝歌之役齊人以莊公說使隰鉏請成慶封如師男女以班賂晉侯以宗器樂器自六正五吏三十帥三軍之大夫百官之正長師旅及處守者皆有賂晉侯許之使叔向告於諸侯公使子服惠伯對曰君舍有罪以靖小國君之惠也寡君聞命矣

○晉侯使魏舒宛沒逆衛侯將使衛與之夷儀崔子止其帑以求五鹿

六月壬子鄭公孫舍之帥師入陳

四字自是諺家語入敘事覺非當行

淋漓有致此章法尚未鍊妙

初陳侯會楚子伐鄭當陳隧者井堙木刊鄭人怨之六月鄭子展子產帥車七百乘伐陳宵突陳城遂入之陳侯扶其大子偃師奔墓遇司馬桓子曰載余曰將巡城遇賈獲載其母妻下之而授公車公曰舍而母辭曰不祥與其妻扶其母以奔墓亦免子展命師無入公宮與子產親御諸門陳侯使司馬桓子賂以宗器陳侯免擁社使其衆男女別而纍以待於朝子展執縶而見再拜稽首承飲而進獻子美入數俘而出祝

祓社司徒致民司馬致節司空致地乃還

秋八月己巳諸侯同盟于重丘

秋七月己巳同盟于重丘齊成故也

○趙文子爲政令薄諸侯之幣而重其禮穆叔見之謂穆叔曰自今以往兵其少弭矣齊崔慶新得政將求善於諸侯武也知楚令尹若敬行其禮道之以文辭以靖諸侯兵可以弭

公至自會

衛侯入于夷儀

衛獻公入于夷儀

楚屈建帥師滅舒鳩

楚薳子馮卒屈建爲令尹屈蕩爲莫敖舒鳩人卒叛楚令尹子木伐之及離城吳人救之子木遽以右師先子彊息桓子捷子駢子盂帥左師以退吳人居其閒七日子彊曰久將墊隘隘乃禽也不如速戰請以其私卒誘之簡師陳以待我我克則進奔則亦視之乃可以免不然必爲吳禽從之五人以其私卒先擊吳師吳師奔登

此是有名文。字高渾蒼勁，然大約以質勝，于精巧似尚未足。敘事處亦未入錄境，惟三之自字具筆法

山以望見楚師不繼復逐之傅諸其軍簡師會之吳師大敗遂圍舒鳩舒鳩潰八月楚滅舒鳩

冬鄭公孫夏帥師伐陳

鄭子產獻捷于晉戎服將事晉人問陳之罪對曰昔虞閼父爲周陶正以服事我先王我先王賴其利器用也與其神明之後也庸以元女大姬配胡公而封諸陳以備三恪則我周之自出至于今是賴桓公之亂蔡人欲立其出我先君莊公奉五父而立之蔡人殺之我又與蔡人奉

精神全在此一段而此處亦只是左氏常語唯大懼不競而下數句有婉致而陳知罪授手兩語尤工絕

此意頗難言只得且如此枝語

戴厲公至於莊宣皆我之自立夏氏之亂成公播蕩又我之自入君所知也今陳忘周之大德蔑我大惠棄我姻親介恃楚衆以馮陵我敝邑不可億逞我是以有往年之告未獲成命則有我東門之役當陳隧者井堙木刊敝邑大懼不競而恥大姬天誘其衷啟敝邑心陳知其罪授手于我用敢獻功晉人曰何故侵小對曰先王之命唯罪所在各致其辟且昔天子之地一圻列國一同自是以衰今大國多數圻矣若無侵

此問元多故但舉典故以對更無容着駁難語

小何以至焉晉人曰何故戎服對曰我先君武莊爲平桓卿士城濮之役文公布命曰各復舊職命我文公戎服輔王以授楚捷不敢廢王命故也士莊伯不能詰復於趙文子文子曰其辭順犯順不祥乃受之冬十月子展相鄭伯如晉拜陳之功子西復伐陳陳及鄭平仲尼曰志有之言以足志文以足言不言誰知其志言之無文行而不遠晉爲伯鄭入陳非文辭不爲功慎辭哉

字而儘有佳處但三字排句自是左氏常套不為工

○楚蔿掩爲司馬子木使庀賦數甲兵甲午蔿掩書土田度山林鳩藪澤辨京陵表淳鹵數疆潦規偃豬町原防牧隰皋井衍沃量入脩賦賦車籍馬賦車兵徒兵甲楯之數既成以授子木禮也

十有二月吳子遏伐楚門于巢卒

十二月吳子諸樊伐楚以報舟師之役門于巢巢牛臣曰吳王勇而輕若啟之將親門我獲射之必殪是君也死疆其少安從之吳子門焉牛

常語而加錄亦自有色

臣隱於短牆以射之卒

○楚子以滅舒鳩賞子木辭曰先大夫蔿子之功也以與蔿掩

○晉程鄭卒子產始知然明問爲政焉對曰視民如子見不仁者誅之如鷹鸇之逐鳥雀也子產喜以語子大叔且曰他日吾見蔑之面而已今吾見其心矣子大叔問政於子產子產曰政如農功日夜思之思其始而成其終朝夕而行之行無越思如農之有畔其過鮮矣

亦有節矣

此與下修成
相接共宜通
附入下年

○衛獻公自夷儀使與甯喜言甯喜許之大叔文子聞之曰烏乎詩所謂我躬不說皇恤我後者甯子可謂不恤其後矣將可乎哉殆必不可君子之行思其終也思其復也書曰愼始而敬終終以不困詩曰夙夜匪解以事一人今甯子事君不如弈棋其何以免乎弈者舉棋不定不勝其耦而況置君而弗定乎必不免矣九世之卿族一舉而滅之可哀也哉

○會于夷儀之歲齊人城郟其五月秦晉爲成晉

以撫劒拂衣往

同此二論也
可見識

韓起如秦涖盟秦伯車如晉涖盟成而不結

二十有六年

○二十六年春秦伯之弟鍼如晉脩成叔向命召行人子員行人子朱曰朱也當御三云叔向不應子朱怒曰班爵同何以黜朱於朝撫劒從之叔向曰秦晉不和久矣今日之事幸而集晉國賴之不集三軍暴骨子員道二國之言無私子常易之姦以事君者吾所能御也拂衣從之人救之平公曰晉其庶乎吾臣之所爭者大師曠

兩語險絶而祭則寡人一句尤奇

曰公室懼卑臣不心競而力爭不務德而爭善私欲已後能無卑乎

春王二月辛卯衛甯喜弒其君剽

衛獻公使子鮮爲復辭敬姒強命之對曰君無信臣懼不免敬姒曰雖然以吾故也許諾初獻公使與甯喜言甯喜曰必子鮮在不然必敗故公使子鮮子鮮不獲命於敬姒以公命與甯喜言曰苟反政由甯氏祭則寡人甯喜告蘧伯玉伯玉曰瑗不得聞君之出敢聞其入遂行從近

敄娰伯玉右宰俱是作波

關出告右宰穀右宰穀曰不可獲罪於兩君天下誰畜之悼子曰吾受命於先人不可以貳穀曰我請使焉而觀之遂見公於夷儀反曰君淹恤在外十二年矣而無憂色亦無寬言猶夫人也若不已死無日矣悼子曰子鮮在右宰穀曰子鮮在何益多而能亡於我何爲悼子曰雖然弗可以已孫文子在戚孫嘉聘於齊孫襄居守二月庚寅甯喜右宰穀伐孫氏不克伯國傷甯子出舍於郊伯國死孫氏夜哭國人召甯子甯

子復攻孫氏克之辛卯殺子叔及大子角書曰
甯喜弒其君剽言罪之在甯氏也
衛孫林父入于戚以叛
孫林父以戚如晉書曰入于戚以叛罪孫氏也
臣之祿君實有之義則進否則奉身而退專祿
以周旋戮也
甲午衛侯衎復歸于衛
甲午衛侯入書曰復歸國納之也大夫逆於竟
者執其手而與之言道逆者自車揖之逆於門

者領之而已公至使讓大叔文子曰寡人淹恤在外二三子皆使寡人朝夕聞衛國之言吾子獨不在寡人古人有言曰非所怨勿怨寡人怨矣對曰臣知罪矣臣不佞不能負羈絏以從扞牧圉臣之罪一也有出者有居者臣不能貳通外內之言以事君臣之罪二也有二罪敢忘其死乃行從近關出公使止之

○衛人侵戚東鄙孫氏愬于晉晉戍茅氏殖綽伐茅氏殺晉戍三百人孫蒯追之弗敢擊文子曰

厲之不如遂從衞師敗之圍雍鉏獲殖綽復愬于晉

○鄭伯賞入陳之功三月甲寅朔享子展賜之先路三命之服先八邑賜子產次路再命之服先六邑子產辭邑曰自上以下隆殺以兩禮也臣之位在四且子展之功也臣不敢及賞禮請辭邑公固予之乃受三邑公孫揮曰子產其將知政矣讓不失禮

夏晉侯使荀吳來聘

工絶

錬句

晉人爲孫氏故召諸侯將以討衛也夏中行穆子來聘召公也

○楚子秦人侵吳及雩婁聞吳有備而還遂侵鄭五月至于城麇鄭皇頡戍之出與楚師戰敗穿封戍囚皇頡公子圍與之爭之正於伯州犂伯州犂曰請問於囚乃立囚伯州犂曰所爭君子也其何不知上其手曰夫子爲王子圍寡君之貴介弟也下其手曰此子爲穿封戍方城外之縣尹也誰獲子囚曰頡遇王子弱焉戍怒抽戈

逐王子圍弗及楚人以皇頡歸印堇父與皇頡戍城麇楚人囚之以獻於秦鄭人取貨於印氏以請之子大叔爲令正以爲請子產曰不獲受楚之功而取貨於鄭不可謂國秦不其然若曰拜君之勤鄭國微君之惠楚師其猶在敝邑之城下其可弗從遂行秦人不予更幣從子產而後獲之

公會晉人鄭良霄宋人曹人于澶淵

六月公會晉趙武宋向戌鄭良霄曹人于澶淵

以討衛疆戚田取衛西鄙懿氏六十以與孫氏
趙武不書尊公也向戌不書後也鄭先宋不失
所也於是衛侯會之晉人執甯喜北宮遺使女
齊以先歸衛侯如晉晉人執而囚之於士弱氏
秋七月齊侯鄭伯爲衛侯故如晉晉人兼享之
晉侯賦嘉樂國景子相齊侯賦蓼蕭子展相鄭
伯賦緇衣叔向命晉侯拜二君曰寡君敢拜齊
君之安我先君之宗祧也敢拜鄭君之不貳也
國子使晏平仲私於叔向曰晉君宣其明德於

敘事亦綠密
然尚未濃

諸侯恤其患而補其闕正其違而治其煩所以爲盟主也今爲臣執君若之何叔向告趙文子文子以告晉侯晉侯言衛侯之罪使叔向告二君國子賦轡之柔矣子展賦將仲子兮晉侯乃許歸衛侯叔向曰鄭七穆罕氏其後亡者也子展儉而壹

秋宋公殺其世子痤

初宋芮司徒生女子赤而毛棄諸堤下共姬之妾取以入名之曰棄長而美平公入夕共姬與

之食公見棄也而視之尤姬納諸御嬖生佐惡而婉大子痤美而很合左師畏而惡之寺人惠牆伊戾爲大子內師而無寵秋楚客聘於晉過宋大子知之請野享之公使往伊戾請從之公曰夫不惡女乎對曰小人之事君子也惡之不敢遠好之不敢近敬以待命敢有貳心乎縱有共其外莫共其內臣請往也遣之至則欿用牲加書徵之而騁告公曰大子將爲亂旣與楚客盟矣公曰爲我子又何求對曰欲速公使視之

函有紋

則信有焉問諸夫人與左師則皆曰固聞之公囚大子大子曰唯佐也能免我召而使請曰日中不來吾知死矣左師聞之聒而與之語過期乃縊而死佐爲大子公徐聞其無罪也乃亨伊戾左師見夫人之步馬者問之對曰君夫人氏也左師曰誰爲君夫人余胡弗知圉人歸以告夫人夫人使饋之錦與馬先之以玉曰君之妾棄使某獻左師改命曰君夫人而後再拜稽首受之

晉人執衞甯喜

○鄭伯歸自晉使子西如晉聘辭曰寡君來煩執事懼不免於戾使夏謝不敏君子曰善事大國

○初楚伍參與蔡大師子朝友其子伍舉與聲子相善也伍舉娶於王子牟王子牟爲申公而亡楚人曰伍舉實送之伍舉奔鄭將遂奔晉聲子將如晉遇之於鄭郊班荆相與食而言復故聲子曰子行也吾必復子及宋向戌將平晉楚聲子通使於晉還如楚令尹子木與之語問晉故

數語甚精當

在今已熟

焉且曰晉大夫與楚孰賢對曰晉卿不如楚其大夫則賢皆卿才也如杞梓皮革自楚往也雖楚有才晉實用之子木曰夫獨無族姻乎對曰雖有而用楚材實多歸生聞之善爲國者賞不僭而刑不濫賞僭則懼及淫人刑濫則懼及善人若不幸而過寧僭無濫與其失善寧其利淫無善人則國從之詩曰人之云亡邦國殄瘁無善人之謂也故夏書曰與其殺不辜寧失不經懼失善也商頌有之曰不僭不濫不敢怠皇命

四大股懔然然錄法尚未盡

于下國封建厥福此湯所以獲天福也古之治民者勸賞而畏刑恤民不倦賞以春夏刑以秋冬是以將賞爲之加膳加膳則飫賜此以知其勸賞也將刑爲之不舉不舉則徹樂此以知其畏刑也夙興夜寐朝夕臨政此以知其恤民也三者禮之大節也有禮無敗今楚多淫刑其大夫逃死於四方而爲之謀主以害楚國不可救療所謂不能也子儀之亂析公奔晉晉人寘諸戎車之殿以爲謀主繞角之役晉將遁矣析公

曰楚師輕窕易震蕩也若多鼓鈞聲以夜軍之楚師必遁晉人從之楚師宵潰晉遂侵蔡襲沈獲其君敗申息之師於桑隧獲申麗而還鄭於是不敢南面楚失華夏則析公之爲也雍子之父兄譖雍子君與大夫不善是也雍子奔晉晉人與之鄐以爲謀主彭城之役晉楚遇於靡角之谷晉將遁矣雍子發命於軍曰歸老幼反孤疾二人役歸一人簡兵蒐乘秣馬蓐食師陳焚次明日將戰行歸者而逸楚囚楚師宵潰晉降

彭城而歸諸宋以魚石歸楚失東夷子辛死之則雍子之爲也子反與子靈爭夏姬而雍害其事子靈奔晉晉人與之邢以爲謀主扞禦北狄通吳於晉教吳叛楚教之乘車射御驅侵使其子狐庸爲吳行人焉吳於是伐巢取駕克棘入州來楚罷於奔命至今爲患則子靈之由也若敖之亂伯賁之子賁皇奔晉晉人與之苗以爲謀主鄢陵之役楚晨壓晉軍而陳晉將遁矣苗賁皇曰楚師之良在其中軍王族而已若塞井

夷竈成陳以當之欒范易行以誘之中行二郤
必克二穆吾乃四萃於其王族必大敗之晉人
從之楚師大敗王夷師熸子反死之鄭叛吳興
楚失諸侯則苗賁皇之爲也子木曰是皆然矣
聲子曰今又有甚於此椒舉娶於申公子牟子
牟得戾而亡君大夫謂椒舉女實遣之懼而奔
鄭引領南望曰庶幾赦余亦弗圖也今在晉矣
晉人將與之縣以比叔向彼若謀害楚國豈不
爲患子木懼言諸王益其祿爵而復之聲子使

春秋左傳

椒鳴逆之

八月壬午許男甯卒于楚　冬楚子蔡侯陳侯伐鄭　葬許靈公

許靈公如楚請伐鄭曰師不興孤不歸矣八月卒于楚楚子曰不伐鄭何以求諸侯冬十月楚子伐鄭鄭人將禦之子産曰晉楚將平諸侯將和楚王是故昧於一來不如使逞而歸乃易成也夫小人之性釁於勇嗇於禍以足其性而求名焉者非國家之利也若何從之子展說不禦

辭命

寇十二月乙酉入南里墮其城涉於樂氏門于師之梁縣門發獲九人焉涉于氾而歸而後葬許靈公

○衛人歸衛姬于晉乃釋衛侯君子是以知平公之失政也

○晉韓宣子聘于周王使請事對曰晉士起將歸時事於宰旅無他事矣王聞之曰韓氏其昌阜於晉乎辭不失舊

○齊人城郟之歲其夏齊烏餘以廩丘奔晉襲衛

羊角取之遂襲我高魚有大雨自其竇入介于其庫以登其城克而取之又取邑于宋於是范宣子卒諸侯弗能治也及趙文子爲政乃卒治之文子言於晉侯曰晉爲盟主諸侯或相侵也則討而使歸其地今烏餘之邑皆討類也而貪之是無以爲盟主也請歸之公曰諾孰可使也對曰胥梁帶能無用師晉侯使往

二十有七年

○二十七年春胥梁帶使諸喪邑者具車徒以受

必周二字豎聯而未快杜註周密也必密采勿以受地為名

地必周使烏餘具車徒以受封烏餘以其衆出使諸侯僞效烏餘之封者而遂執之盡獲之皆取其邑而歸諸侯諸侯是以睦於晉

春齊侯使慶封來聘

齊慶封來聘其車美孟孫謂叔孫曰慶季之車不亦美乎叔孫曰豹聞之服美不稱必以惡終美車何爲叔孫與慶封食不敬爲賦相鼠亦不知也

夏叔孫豹會晉趙武楚屈建蔡公孫歸生衞石惡

陳孔奐鄭良霄許人曹人于宋

衛殺其大夫甯喜　衛侯之弟鱄出奔晉

衛甯喜專公患之公孫免餘請殺之公曰微甯子不及此吾與之言矣事未可知祇成惡名止也對曰臣殺之君弗與知乃與公孫無地公孫臣謀使攻甯氏弗克皆死公曰臣也無罪父子死余矣夏免餘復攻甯氏殺甯喜及右宰穀尸諸朝石惡將會宋之盟受命而出衣其尸枕之股而哭之欲斂以亡懼不免且曰受命矣乃行

此稅是小功不稅之稅

子鮮曰逐我者出納我者死賞罰無章何以沮勸君失其信而國無刑不亦難乎且鱄實使之遂出奔晉公使止之不可及河又使止之止使者而盟於河託於木門不鄉衛國而坐木門大夫勸之仕不可曰仕而廢其事罪也從之昭吾所以出也將誰愬乎吾不可以立於人之朝矣終身不仕公喪之如稅服終身公與免餘邑六十辭曰唯卿備百邑臣六十矣下有上祿亂也臣弗敢聞且甯子唯多邑故死臣懼死之速及

是大文字綜括收拾處好獨諸論說語多未精哨想史舊本然

也公固與之受其半以爲少師公使爲卿辭曰大叔儀不貳能贊大事君其命之乃使文子爲卿

秋七月辛巳豹及諸侯之大夫盟于宋

宋向戌善於趙文子又善於令尹子木欲弭諸侯之兵以爲名如晉告趙孟趙孟謀於諸大夫韓宣子曰兵民之殘也財用之蠹小國之大菑也將或弭之雖曰不可必將許之弗許楚將許之以召諸侯則我失爲盟主矣晉人許之如楚

歷書至字是
法規野順天
緜序效之然
有于宗有從
有先有自陳
有皆又是小
具慧

楚亦許之如齊齊人難之陳文子曰晉楚許之
我焉得已且人曰弭兵而我弗許則固攜我民
矣將焉用之齊人許之告於秦秦亦許之皆告
於小國爲會於宋五月甲辰晉趙武至於宋丙
午鄭良霄至六月丁未朔宋人享趙文子叔向
爲介司馬置折俎禮也仲尼使舉是禮也以爲
多文辭戊申叔孫豹齊慶封陳須無衛石惡至
甲寅晉荀盈從趙武至丙辰邾悼公至壬戌楚
公子黑肱先至成言於晉丁卯宋向戌如陳從

子木成言於楚戊辰滕成公至子木謂向戌請晉楚之從交相見也庚午向戌復於趙孟趙孟曰晉楚齊秦匹也晉之不能於齊猶楚之不能於秦也楚君若能使秦君辱於敝邑寡君敢不固請於齊壬申左師復言於子木子木使馹謁諸王王曰釋齊秦他國請相見也秋七月戊寅左師至是夜也趙孟及子晳盟以齊言庚辰子木至自陳陳孔奐蔡公孫歸生至曹許之大夫皆至以藩爲軍晉楚各處其偏伯夙謂趙孟曰

諸論詞多不甚工

迂且逝矣

唯此論稍佳然亦未甚緊淨

楚氛甚惡懼難趙孟曰吾左還入於宋若我何辛巳將盟於宋西門之外楚人衷甲伯州犁曰合諸侯之師以爲不信無乃不可乎夫諸侯望信於楚是以來服若不信是弃其所以服諸侯也固請釋甲子木曰晉楚無信久矣事利而已苟得志焉焉用有信大宰退告人曰令尹將死矣不及三年求逞志而弃信志將逞乎志以發言言以出信信以立志參以定之信亡何以及三趙孟患楚衷甲以告叔向叔向曰何害也匹

當云食言者病方順却乃只以不病字盡之味因自長守病字太生以爲下句猶稍順

夫一爲不信猶不可單斃其死若合諸侯之卿以爲不信必不捷矣食言者不病非子之患也夫以信召人而以僭濟之必莫之與也安能害我且吾因宋以守病則夫能致死雖倍楚可也子何懼焉又不及是曰弭兵以召諸侯而稱兵以害我吾庸多矣非所患也季武子使謂叔孫以公命曰視邾滕旣而齊人請邾宋人請滕皆不與盟叔孫曰邾滕人之私也我列國也何故視之宋衛我匹也乃盟故不書其族言違命也

明是畏楚却巧飾說然務德甚為細的

晉楚爭先晉人曰晉固爲諸侯盟主未有先晉者也楚人曰子言晉楚匹也若晉常先是楚弱也且晉楚狎主諸侯之盟也久矣豈專在晉叔向謂趙孟曰諸侯歸晉之德只非歸其尸盟也子務德無爭先且諸侯盟小國固必有尸盟者楚爲晉細不亦可乎乃先楚人書先晉晉有信也壬午宋公兼享晉楚之大夫趙孟爲客子木與之言弗能對使叔向侍言焉子木亦不能對也乙酉宋公及諸侯之大夫盟于蒙門之外子

抑無不可對
人言無不可
與天知意

此較諸語却
佀精

木問於趙孟曰范武子之德何如對曰夫子之家事治言於晉國無隱情其祝史陳信於鬼神無愧辭子木歸以語王王曰尚矣哉能歆神人宜其光輔五君以爲盟主也子木又語王曰宜晉之伯也有叔向以佐其卿楚無以當之不可與爭晉荀盈遂如楚涖盟鄭伯享趙孟于垂隴子展伯有子西子產子大叔二子石從趙孟曰七子從君以寵武也請皆賦以卒君貺武亦以觀七子之志子展賦草蟲趙孟曰善哉民之主

七語幾七樣種態自環

語不甚新亦自覺冗

也抑武也不足以當之伯有賦鶉之賁賁趙孟曰牀笫之言不踰閾況在野乎非使人之所得聞也子西賦黍苗之四章趙孟曰寡君在武何能焉子產賦隰桑趙孟曰武請受其卒章子大叔賦野有蔓草趙孟曰吾子之惠也印段賦蟋蟀趙孟曰善哉保家之主也吾有望矣公孫段賦桑扈趙孟曰匪交匪敖福將焉往若保是言也欲辭福祿得乎卒享文子告叔向曰伯有將爲戮矣詩以言志志誣其上而公怨之以爲賓

論甚高然摘詞尚未入妙

榮其能久乎幸而後亡叔向曰然已後所謂不及五稔者夫子之謂矣文子曰其餘皆數世之主也子展其後亡者也在上不忘降印氏其次也樂而不荒樂以安民不淫以使之後亡不亦可乎宋左師請賞曰請免死之邑公與之邑六十以示子罕子罕曰凡諸侯小國晉楚所以兵威之畏而後上下慈和慈和而後能安靖其國家以事大國所以存也無威則驕驕則亂生亂生必滅所以亡也天生五材民並用之廢一不

妙語

可誰能去兵兵之設久矣所以威不軌而昭文德也聖人以興亂人以廢廢興存亡昏明之術皆兵之由也而子求去之不亦誣乎以誣道蔽諸侯罪莫大焉縱無大討而又求賞無厭之甚也削而投之左師辭邑向氏欲攻司城左師曰我將亡夫子存我德莫大焉又可攻乎君子曰彼已之子邦之司直樂喜之謂乎何以恤我我其收之向戌之謂乎

〇齊崔杼生成及彊而寡娶東郭姜生明東郭姜

編之成說春
纂法

以孤入曰棠無咎與東郭偃相崔氏崔成有疾而廢之而立明成請老于崔崔子許之偃與无咎弗予曰崔宗邑也必在宗主成與姜怒將殺之告慶封曰夫子之身亦子所知也唯无咎與偃是從父兄莫得進矣大恐害夫子敢以告慶封曰子姑退吾圖之告盧蒲嫳盧蒲嫳曰彼君之讐也天或者將弃彼矣彼實家亂子何病焉崔之薄慶之厚也他日又告慶封曰苟利夫子必去之難吾助女九月庚辰崔成崔彊殺東郭

偃棠无咎於崔氏之朝崔子怒而出其衆皆逃求人使駕不得使圉人駕寺人御而出且曰崔氏有福止余猶可遂見慶封慶封曰崔慶一也是何敢然請爲子討之使盧蒲嫳帥甲以攻崔氏崔氏堞其宮而守之弗克使國人助之遂滅崔氏殺成與彊而盡俘其家其妻縊嫳復命於崔子且御而歸之至則無歸矣乃縊崔明夜辟諸大墓辛巳崔明來奔慶封當國

○楚薳罷如晉涖盟晉侯享之將出賦既醉叔向

曰薳氏之有後於楚國也宜哉承君命不忘敏

子蕩將知政矣敏以事君必能養民政其焉往

○崔氏之亂申鮮虞來奔僕賃於野以喪莊公冬

楚人召之遂如楚爲右尹

冬十有二月乙亥朔日有食之

十一月乙亥朔日有食之辰在申司歷過也再

失閏矣

二十有八年春無冰

二十八年春無冰梓慎曰今兹宋鄭其饑乎歲

在星紀而淫於玄枵以有時菑陰不堪陽蛇乘龍龍宋鄭之星也宋鄭必饑玄枵虛中也枵耗名也土虛而民耗不饑何爲

○夏齊侯陳侯蔡侯北燕伯杞伯胡子沈子白狄朝于晉宋之盟故也齊侯將行慶封曰我不與盟何爲於晉陳文子曰先事後賄禮也小事大未獲事焉從之如志禮也雖不與盟敢叛晉乎重丘之盟未可忘也子其勸行

夏衞石惡出奔晉

怖淺也

衞人討甯氏之黨故石惡出奔晉衞人立其從子圃以守石氏之祀禮也

邾子來朝

邾悼公來朝時事也

秋八月大雩

秋八月大雩旱也

○蔡侯歸自晉入于鄭鄭伯享之不敬子產曰蔡侯其不免乎日其過此也君使子展廷勞於東門之外而傲吾曰猶將更之今還受享而惰乃

其心也君小國事大國而惰傲以爲己心將得死乎若不免必由其子其爲君也淫而不父僑聞之如是者恒有子禍

仲孫羯如晉

孟孝伯如晉告將爲宋之盟故如楚也

○蔡侯之如晉也鄭伯使游吉如楚及漢楚人還之曰宋之盟君實親辱今吾子來寡君謂吾子姑還吾將使馹奔問諸晉而以告子大叔曰宋之盟君命將利小國而亦使安定其社稷鎮撫

文勢太寬緩語亦稍易稍見

其民人以禮承天之休此君之憲令而小國之望也寡君是故使吉奉其皮幣以歲之不易聘於下執事今執事有命曰女何與政令之有必使而君弃而封守跋涉山川蒙犯霜露以逞君心小國將君是望敢不唯命是聽無乃非盟載之言以闕君德而執事有不利焉小國是懼不然其何勞之敢憚子大叔歸復命告子展曰楚子將死矣不脩其政德而貪昧於諸侯以逞其願欲久得乎周易有之在復䷗之頤䷚曰迷復

凶其楚子之謂乎欲復其願而弃其本復歸無所是謂迷復能無凶乎君其往也送葬而歸以快楚心楚不幾十年未能恤諸侯也吾乃休吾民矣裨竈曰今兹周王及楚子皆將死歲弃其次而旅於明年之次以害鳥帑周楚惡之

○九月鄭游吉如晉告將朝于楚以從宋之盟子產相鄭伯以如楚舍不爲壇外僕言曰昔先大夫相先君適四國未嘗不爲壇自是至今亦皆循之今子草舍無乃不可乎子產曰大適小則

爲壇小適大苟舍而已焉用壇僑聞之大適小有五美宥其罪戾赦其過失救其菑患賞其德刑教其不及小國不困懷服如歸是故作壇以昭其功宣告後人無怠於德小適大有五惡說其罪戾請其不足行其政事共其職貢從其時命不然則重其幣帛以賀其福而弔其凶皆小國之禍也焉用作壇以昭其禍所以告子孫無昭禍焉可也

冬齊慶封來奔

敘事入細節節有情最精而映

齊慶封好田而耆酒與慶舍政則以其內實遷于盧蒲嫳氏易內而飲酒數日國遷朝焉使諸亡人得賊者以告而反之故反盧蒲癸癸臣子之有寵妻之慶舍之士謂盧蒲癸曰男女辨姓子不辟宗何也曰宗不余辟余獨焉辟之賦詩斷章余取所求焉惡識宗癸言王何而反之二人皆嬖使執寢戈而先後之公膳日雙雞饔人竊更之以鶩御者知之則去其肉而以其洎饋子雅子尾怒慶封告盧蒲嫳盧蒲嫳曰譬之如

禽獸吾寢處之矣使析歸父告晏平仲平仲曰嬰之衆不足用也知無能謀也言弗敢出有盟可也子家曰子之言云又焉用盟告北郭子車子車曰人各有以事君非佐之所能也陳文子謂桓子曰禍將作矣吾其何得對曰得慶氏之木百車於莊文子曰可慎守也已盧蒲癸王何卜攻慶氏示子之兆曰或卜攻讐敢獻其兆子之曰克見血冬十月慶封田于萊陳無宇從丙辰文子使召之請曰無宇之母疾病請歸慶季

又得此作對

太切中則近誣

又有此奇助色

敘情狀曲盡絕工妙

卜之示之兆曰死奉龜而泣乃使歸慶嗣聞之曰禍將作矣謂子家速歸禍作必於嘗歸猶可及也子家弗聽亦無悛志子息曰亡矣幸而獲在吳越陳無宇濟水而戕舟發梁盧蒲姜謂癸曰有事而不告我必不捷矣癸告之姜曰夫子愎莫之止將不出我請止之癸曰諾十一月乙亥嘗于大公之廟慶舍涖事盧蒲姜告之且止之弗聽曰誰敢者遂如公麻嬰爲尸慶奊爲上獻盧蒲癸王何執寢戈慶氏以其甲環公宮陳

氏鮑氏之圉人爲優慶氏之馬善驚士皆釋甲
束馬而飲酒且觀優至於魚里欒高陳鮑之徒
介慶氏之甲子尾抽桷擊扉三盧蒲癸自後刺
子之王何以戈擊之解其左肩猶援廟桷動於
甍以俎壺投殺人而後死遂殺慶繩麻嬰公懼
鮑國曰羣臣爲君故也陳須無以公歸稅服而
如內宮慶封歸遇告亂者丁亥伐西門弗克還
伐北門克之入伐內宮弗克反陳于嶽請戰弗
許遂來奔獻車於季武子美澤可以鑑展莊叔

見之曰車甚澤人必瘁宜其亡也叔孫穆子食
慶封慶封氾祭穆子不說使工爲之誦茅鴟亦
不知旣而齊人來讓奔吳吳句餘予之朱方聚
其族焉而居之富於其舊子服惠伯謂叔孫曰
天殆富淫人慶封又富矣穆子曰善人富謂之
賞淫人富謂之殃天其殃之也其將聚而殲旃
○癸巳天王崩未來赴亦未書禮也
○崔氏之亂喪羣公子故鉏在魯叔孫還在燕賈
在句瀆之丘及慶氏亡皆召之具其器用而反

其邑焉與晏子邶殿其鄙六十弗受子尾曰富人之所欲也何獨弗欲對曰慶氏之邑足欲故亡吾邑不足欲也益之以邶殿乃足欲足欲亡無日矣在外不得宰吾一邑不受邶殿非惡富也恐失富也且夫富如布帛之有幅焉爲之制度使無遷也夫民生厚而用利於是乎正德以幅之使無黜嫚謂之幅利利過則爲敗吾不敢貪多所謂幅也與北郭佐邑六十受之與子雅邑辭多受少與子尾邑受而稍致之公以爲忠

故有寵釋盧蒲嫳于北竟求崔杼之尸將戮之不得叔孫穆子曰必得之武王有亂十人崔杼其有乎不十人不足以葬旣崔氏之臣曰與我其拱璧吾獻其柩於是得之十二月乙亥朔齊人遷莊公殯于大寢以其棺尸崔杼於市國人猶知之皆曰崔子也

十有一月公如楚

爲宋之盟故公及宋公陳侯鄭伯許男如楚公過鄭鄭伯不在伯有廷勞於黃崖不敬穆叔曰

是信不由中而縮法

以簡淨見致

即上語略變換

伯有無戾於鄭鄭必有大咎敬民之主也而弃之何以承守鄭人不討必受其辜濟澤之阿行潦之蘋藻寘諸宗室季蘭尸之敬也敬可弃乎

及漢楚康王卒公欲反叔仲昭伯曰我楚國之爲豈爲一人行也子服惠伯曰君子有遠慮小人從邇饑寒之不恤誰遑其後不如姑歸也叔孫穆子曰叔仲子專之矣子服子始學者也榮成伯曰遠圖者忠也公遂行宋向戌曰我一人之爲非爲楚也饑寒之不恤誰能恤楚姑歸而

息民待其立君而爲之備宋公遂反

○楚屈建卒趙文子喪之如同盟禮也

十有二月甲寅天王崩

王人來告喪問崩日以甲寅告故書之以徵過也

乙未楚子昭卒

二十有九年春王正月公在楚

二十九年春王正月公在楚釋不朝正于廟也

楚人使公親襚公患之穆叔曰祓殯而襚則布

幣也乃使巫以桃茢先祓殯楚人弗禁旣而悔之

○二月癸卯齊人葬莊公於北郭

○夏四月葬楚康王公及陳侯鄭伯許男送葬至于西門之外諸侯之大夫皆至于墓楚郟敖即位王子圍爲令尹鄭行人子羽曰是謂不宜必代之昌松柏之下其草不殖

夏五月公至自楚

公還及方城季武子取卞使公冶問璽書追而

與之曰聞守卞者將叛臣帥師徒以討之旣得之矣敢告公冶致使而退及舍而後聞取卞公曰欲之而言叛祇見疏也公問公冶曰吾可以入乎對曰君實有國誰敢違君公與公冶冕服固辭強之而後受公欲無入榮成伯賦式微乃歸五月公至自楚公冶致其邑於季氏而終不入焉曰欺其君何必使余季孫見之則言季氏如他日不見則終不言季氏及疾聚其臣曰我死必無以冕服斂非德賞也且無使季氏葬我

○葬靈王鄭上卿有事子展使印段往伯有曰弱不可子展曰與其莫往弱不猶愈乎詩云王事靡盬不遑啟處東西南北誰敢寧處堅事晉楚以蕃王室也王事無曠何常之有遂使印段如周

庚午衛侯衎卒

閽弑吳子餘祭

吳人伐越獲俘焉以爲閽使守舟吳子餘祭觀舟閽以刀弑之

錯而錄
亦是宋濂小文字

○鄭子展卒子皮即位於是鄭饑而未及麥民病子皮以子展之命餼國人粟戶一鍾是以得鄭國之民故罕氏常掌國政以爲上卿宋司城子罕聞之曰鄰於善民之望也宋亦饑請於平公出公粟以貸使大夫皆貸司城氏貸而不書爲大夫之無者貸宋無饑人叔向聞之曰鄭之罕宋之樂其後亡者也二者其皆得國乎民之歸也施而不德樂氏加焉其以宋升降乎

仲孫羯會晉荀盈齊高止宋華定衛世叔儀鄭公

孫段曹人莒人滕人薛人小邾人城杞

晉平公杞出也故治杞六月知悼子合諸侯之大夫以城杞孟孝伯會之鄭子大叔與伯石往子大叔見大叔文子與之語文子曰甚乎其城杞也子大叔曰若之何哉晉國不恤宗周之闕而夏肄是屏其棄諸姬亦可知也已諸姬是棄其誰歸之吉也聞之棄同即異是謂離德詩曰協比其鄰昏姻孔云晉不鄰矣其誰云之齊高子容與宋司徒見知伯女齊相禮賓出司馬侯

言於知伯曰二子皆將不免子容專司徒侈皆亡家之主也知伯曰何如對曰專則速及侈將以其力斃專則人實避之將及矣

晉侯使士鞅來聘

范獻子來聘拜城杞也公享之展莊叔執幣射者三耦公臣不足取於家臣家臣展瑕展玉父爲一耦公臣公巫召伯仲顏莊叔爲一耦鄫鼓父黨叔爲一耦

○晉侯使司馬女叔侯來治杞田弗盡歸也晉悼

兩語顏延年由來序用之即分作對聯不用怪責字只以毋寧為用見意最簡有致

此取之似謂非杞侯意杜註云不尚杞侯之取貨

夫人慍曰齊也取貨先君若有知也不尚取之公告叔侯叔侯曰虞虢焦滑霍楊韓魏皆姬姓也晉是以大若非侵小將何所取武獻以下兼國多矣誰得治之杞夏餘也而即東夷魯周公之後也而睦於晉以杞封魯猶可而何有焉魯之於晉也職貢不乏玩好時至公卿大夫相繼於朝史不絕書府無虛月如是可矣何必瘠魯以肥杞且先君而有知也毋寧夫人而焉用老臣。杜註言先君與寧惟夫人之所爲無用責我

妙處只在文法變化有音有色有味有態
此文字在古今亦無有兩

杞子來盟

杞文公來盟書曰子賤之也

吳子使札來聘

吳公子札來聘見叔孫穆子說之謂穆子曰子其不得死乎好善而不能擇人吾聞君子務在擇人吾子爲魯宗卿而任其大政不慎舉何以堪之禍必及子請觀於周樂使工爲之歌周南召南曰美哉始基之矣猶未也然勤而不怨矣爲之歌邶鄘衛曰美哉淵乎憂而不困者也吾

之至字疑無來歷

聞衛康叔武公之德如是是其衛風乎爲之歌
王曰美哉思而不懼其周之東乎爲之歌鄭曰
美哉其細已甚民弗堪也是其先亡乎爲之歌
齊曰美哉泱泱乎大風也哉表東海者其大公
乎國未可量也爲之歌豳曰美哉蕩乎樂而不
淫其周公之東乎爲之歌秦曰此之謂夏聲夫
能夏則大大之至也其周之舊乎爲之歌魏曰
美哉渢渢乎大而婉險而易行以德輔此則明
主也爲之歌唐曰思深哉其有陶唐氏之遺民

全篇排比句中間乃間不斷亦嫌太方

太排可厭

乎不然何憂之遠也非令德之後誰能若是爲之歌陳曰國無主其能久乎自鄶以下無譏焉爲之歌小雅曰美哉思而不貳怨而不言其周德之衰乎猶有先王之遺民焉爲之歌大雅曰廣哉熙熙乎曲而有直體其文王之德乎爲之歌頌曰至矣哉直而不倨曲而不屈邇而不偪遠而不攜遷而不淫復而不厭哀而不愁樂而不荒用而不匱廣而不宣施而不費取而不貪處而不底行而不流五聲和八風平節有度守

有序盛德之所同也見舞象箾南籥者曰美哉
猶有憾見舞大武者曰美哉周之盛也其若此
乎見舞韶濩者曰聖人之弘也而猶有慙德聖
人之難也見舞大夏者曰美哉勤而不德非禹
其誰能脩之見舞韶箾者曰德至矣哉大矣如
天之無不幬也如地之無不載也雖甚盛德其
蔑以加於此矣觀止矣若有他樂吾不敢請已
其出聘也通嗣君也故遂聘于齊說晏平仲謂
之曰子速納邑與政無邑無政乃免於難齊國

之政將有所歸未獲所歸難未歇也故晏子因陳桓子以納政與邑是以免於欒高之難聘於鄭見子產如舊相識與之縞帶子產獻紵衣焉謂子產曰鄭之執政侈難將至矣政必及子子爲政慎之以禮不然鄭國將敗適衛說蘧瑗史狗史鰌公子荆公叔發公子朝曰衛多君子未有患也自衛如晉將宿於戚聞鐘聲焉曰異哉吾聞之也辯而不德必加於戮夫子獲罪於君以在此懼猶不足而又何樂夫子之在此也猶

猶吳孫之爭

燕之巢于幕上君又在殯而可以樂乎遂去之文子聞之終身不聽琴瑟適晉說趙文子韓宣子魏獻子曰晉國其萃於三族乎說叔向將行謂叔向曰吾子勉之君侈而多良大夫皆富政將在家吾子好直必思自免於難

秋九月葬衛獻公

齊高止出奔北燕

秋九月齊公孫蠆公孫竈放其大夫高止於北燕乙未出書曰出奔罪高止也高止好以事自

爲功且專故難及之

冬仲孫羯如晉

冬孟孝伯如晉報范叔也

○爲高氏之難故高豎以盧叛十月庚寅閭丘嬰帥師圍盧高豎曰苟使高氏有後請致邑齊人立敬仲之曾孫酀良敬仲也十一月乙卯高豎致盧而出奔晉晉人城緜而寘旃

○鄭伯有使公孫黑如楚辭曰楚鄭方惡而使余往是殺余也伯有曰世行也子晳曰可則往難則

已何世之有伯有將強使之子晳怒將伐伯有氏大夫和之十二月己巳鄭大夫盟於伯有氏裨諶曰是盟也其與幾何詩曰君子屢盟亂是用長今是長亂之道也禍未歇也必三年而後能紓然明曰政將焉往裨諶曰善之代不善天命也其焉辟子產舉不踰等則位班也擇善而舉則世隆也天又除之奪伯有魄子西卽世將焉辟之天禍鄭久矣其必使子產息之乃猶可以戾不然將亡矣

三十年春王正月楚子使薳罷來聘

三十年春王正月楚子使薳罷來聘通嗣君也穆叔問王子之爲政何如對曰吾儕小人食而聽事猶懼不給命而不免於戾焉與知政固問焉不告穆叔告大夫曰楚令尹將有大事子蕩將與焉助之匿其情矣

○子產相鄭伯以如晉叔向問鄭國之政焉對曰吾得見與否在此歲也駟良方爭未知所成若有所成吾得見乃可知也叔向曰不既和矣乎

故作奇

此老想修道家術故諱千記甲子而綵于年造語供工然亦覺無緊要

對曰伯有侈而愎子晳好在人上莫能相下也雖其和也猶相積惡也惡至無日矣

○二月癸未晉悼夫人食輿人之城杞者絳縣人或年長矣無子而往與於食有與疑年使之年曰臣小人也不知紀年臣生之歲正月甲子朔四百有四十五甲子矣其季於今三之一也吏走問諸朝師曠曰魯叔仲惠伯會郤成子于承匡之歲也是歲也狄伐魯叔孫莊叔於是乎敗狄于鹹獲長狄僑如及虺也豹也而皆以名其

子七十三年矣史趙曰亥有二首六身下二如身是其日數也士文伯曰然則二萬六千六百有六旬也趙孟問其縣大夫則其屬也召之而謝過焉曰武不才任君之大事以晉國之多虞不能由吾子使吾子辱在泥塗久矣武之罪也敢謝不才遂仕之使助爲政辭以老與之田使爲君復陶以爲絳縣師而廢其輿尉於是魯使者在晉歸以語諸大夫季武子曰晉未可媮也有趙孟以爲大夫有伯瑕以爲佐有史趙師曠

而咨度焉有叔向女齊以師保其君其朝多君
子其庸可媮乎勉事之而後可
○夏四月己亥鄭伯及其大夫盟君子是以知鄭
難之不已也
夏四月蔡世子般弒其君固
蔡景侯爲大子般娶于楚通焉大子弒景侯
五月甲午宋災　宋伯姬卒
或叫于宋大廟曰譆譆出出鳥鳴于亳社如曰
譆譆甲午宋大災宋伯姬卒待姆也君子謂宋

共姬女而不婦女待人婦義事也

天王殺其弟佞夫　王子瑕奔晉

初王儋季卒其子括將見王而歎單公子愆期爲靈王御士過諸廷聞其歎而言曰烏乎必有此夫入以告王且曰必殺之不慼而願大視躁而足高心在他矣不殺必害王曰童子何知及靈王崩儋括欲立王子佞夫佞夫弗知戊子儋括圍蔿逐成愆成愆奔平畤五月癸巳尹言多劉毅單蔑甘過鞏成殺佞夫括瑕廖奔晉書曰

天王殺其弟佞夫罪在王也

○六月鄭子產如陳涖盟歸復命告大夫曰陳亡國也不可與也聚禾粟繕城郭恃此二者而不撫其民其君弱植公子侈大子卑大夫敖政多門以介於大國能無亡乎不過十年矣

秋七月叔弓如宋葬宋共姬

秋七月叔弓如宋葬共姬也

鄭良霄出奔許自許入于鄭　鄭人殺良霄

鄭伯有耆酒爲窟室而夜飲酒擊鐘焉朝至未

平〻欲去率〻〻詳擿而不甚盛狀

已朝者曰公焉在其人曰吾公在壑谷皆自朝布路而罷既而朝則又將使子晳如楚歸而飲酒庚子子晳以駟氏之甲伐而焚之伯有奔雍梁醒而後知之遂奔許大夫聚謀子皮曰仲虺之志云亂者取之亡者侮之推亡固存國之利也罕駟豐同生伯有汰侈故不免人謂子產就直助彊子產曰豈爲我徒國之禍難誰知所敝或主彊直難乃不生姑成我所辛丑子產斂伯有氏之死者而殯之不及謀而遂行印段從之

子皮止之衆曰人不我順何止焉子皮曰夫子禮於死者況生者乎遂自止之壬寅子產入癸卯子石入皆受盟於子晳氏乙巳鄭伯及其大夫盟于大宮盟國人于師之梁之外伯有聞鄭人之盟已也怒聞子皮之甲不與攻已也喜曰子皮與我矣癸丑晨自墓門之瀆入因馬師頡介于襄庫以伐舊北門駟帶率國人以伐之皆召子產子產曰兄弟而及此吾從天所與伯有死於羊肆子產襚之枕之股而哭之斂而殯諸

伯有之臣在市側者既而葬諸斗城子駟氏欲攻子產子皮怒之曰禮國之幹也殺有禮禍莫大焉乃止於是游吉如晉還聞難不入復命于介八月甲子奔晉駟帶追之及酸棗與子上盟用兩珪質于河使公孫肸入盟大夫己巳復歸書曰鄭人殺良霄不稱大夫言自外入也於子蟜之卒也將葬公孫揮與裨竈晨會事焉過伯有氏其門上生莠子羽曰其莠猶在乎於是歲在降婁降婁中而旦裨竈指之曰猶可以終歲

歲不及此次也已及其亡也歲在娵訾之口其明年乃及降婁僕展從伯有與之皆死羽頡出奔晉爲任大夫雞澤之會鄭樂成奔楚遂適晉羽頡因之與之比而事趙文子言伐鄭之說焉以宋之盟故不可子皮以公孫鉏爲馬師

冬十月葬蔡景公

○楚公子圍殺大司馬蔿掩而取其室申無宇曰王子必不免善人國之主也王子相楚國將善是封殖而虐之是禍國也且司馬令尹之偏而

王之四體也絕民之主去身之偏艾王之體以禍其國無不祥大焉何以得免

晉人齊人宋人衛人鄭人曹人莒人邾人滕人薛人杞人小邾人會于澶淵宋災故

爲宋災故諸侯之大夫會以謀歸宋財冬十月叔孫豹會晉趙武齊公孫蠆宋向戌衛北宮佗鄭罕虎及小邾之大夫會于澶淵旣而無歸于宋故不書其人君子曰信其不可不慎乎澶淵之會卿不書不信也夫諸侯之上卿會而不信

寵名皆弃不信之不可也如是詩曰文王陟降在帝左右信之謂也又曰淑慎爾止無載爾僞不信之謂也書曰某人某人會于澶淵宋災故尤之也不書魯大夫諱之也

○鄭子皮授子產政辭曰國小而偪族大寵多不可爲也子皮曰虎帥以聽誰敢犯子子善相之國無小小能事大國乃寬子產爲政有事伯石賂與之邑子大叔曰國皆其國也奚獨賂焉子產曰無欲實難皆得其欲以從其事而要其成

論議長唯章法未工則以三具字覺常而八句皆四字步収

非我有成其在人乎何愛於邑邑將焉往子大叔曰若四國何子產曰非相違也而相從也四國何尤焉鄭書有之曰安定國家必大焉先姑先安大以待其所歸既伯石懼而歸邑卒與之伯有既死使大史命伯石爲卿辭大史退則請命焉復命之又辭如是三乃受策入拜子產是以惡其爲人也使次已位子產使都鄙有章上下有服田有封洫廬井有伍大人之忠儉者從而與之泰侈者因而斃之豐卷將祭請田焉弗

許曰唯君用鮮衆給而已子張怒退而徵役子產奔晉子皮止之而逐豐卷豐卷奔晉子產請其田里三年而復之反其田里及其入焉從政一年輿人誦之曰取我衣冠而褚之取我田疇而伍之孰殺子產吾其與之及三年又誦之曰我有子弟子產誨之我有田疇子產殖之子產而死誰其嗣之

三十有一年春王正月

○三十一年春王正月穆叔至自會見孟孝伯語

論好文未歇
錄

之曰趙孟將死矣其語偷不似民主且年未盈五十而諄諄焉如八九十者弗能久矣若趙孟死爲政者其韓子乎吾子盍與季孫言之可以樹善君子也晉君將失政矣若不樹焉使早備魯旣而政在大夫韓子懦弱大夫多貪求欲無厭齊楚未足與也魯其懼哉孝伯曰人生幾何誰能無偷朝不及夕將安用樹穆叔出而告人曰孟孫將死矣吾語諸趙孟之偷矣而又甚焉又與季孫語晉故季孫不從及趙文子卒晉公

室卑政在侈家韓宣子爲政不能圖諸侯魯不
堪晉求讒慝弘多是以有平丘之會
○齊子尾害閭丘嬰欲殺之使帥師以伐陽州我
問師故夏五月子尾殺閭丘嬰以說于我師工
僂灑渻竈孔虺賈寅出奔莒出羣公子
夏六月辛巳公薨于楚宮　秋九月癸巳子野卒
公作楚宮穆叔曰大誓云民之所欲天必從之
君欲楚也夫故作其宮若不復適楚必死是宮
也六月辛巳公薨于楚宮叔仲帶竊其拱璧以

與御人納諸其懷而從取之由是得罪立胡女
敬歸之子子野次于季氏秋九月癸巳卒毀也
己亥仲孫羯卒
己亥孟孝伯卒
○立敬歸之娣齊歸之子公子裯穆叔不欲曰大
子死有母弟則立之無則立長年鈞擇賢義鈞
則卜古之道也非適嗣何必娣之子且是人也
居喪而不哀在慼而有嘉容是謂不度不度之
人鮮不爲患若果立之必爲季氏憂武子不聽

卒立之比及葬三易衰衰衽如故衰於是昭公
十九年矣猶有童心君子是以知其不能終也
冬十月滕子來會葬　癸酉葬我君襄公
冬十月滕成公來會葬惰而多涕子服惠伯曰
滕君將死矣怠於其位而哀已甚兆於死所矣
能無從乎癸酉葬襄公
○公薨之月子產相鄭伯以如晉晉侯以我喪故
未之見也子產使盡壞其館之垣而納車馬焉
士文伯讓之曰敝邑以政刑之不脩寇盜充斥

是有名文字氣骨暴勁然巧妙尚未極

只此二處

此規闊妙亦須挂有節奏

無若諸侯之屬辱在寡君者何是以八人完客所館高其閈閎厚其牆垣以無憂客使今吾子壞之雖從者能戒其若異客何以敝邑之爲盟主繕完葺牆以待賓客若皆毀之其何以共命寡君使匄請命對曰以敝邑褊小介於大國誅求無時是以不敢寧居悉索敝賦以來會時事逢執事之不閒而未得見又不獲聞命未知見時不敢輸幣亦不敢暴露其輸之則君之府實也非薦陳之不敢輸也其暴露之則恐燥濕

之不時而朽蠹以重敝邑之罪僑聞文公之爲
盟主也宮室卑庳無觀臺榭以崇大諸侯之館
館如公寢庫廄繕脩司空以時平易道路圬人
以時塓館宮室諸侯賓至甸設庭燎僕人巡宮
車馬有所賓從有代巾車脂轄隸人牧圉各瞻
其事百官之屬各展其物公不留賓而亦無廢
事憂樂同之事則巡之教其不知而恤其不足
賓至如歸無寧菑患不畏寇盜而亦不患燥濕
今銅鞮之宮數里而諸侯舍於隸人門不容車

而不可踰越盜賊公行而天癘不戒賓見無時命不可知若又勿壞是無所藏幣以重罪也敢請執事將何所命之雖君之有魯喪亦敝邑之憂也若獲薦幣脩垣而行君之惠也敢憚勤勞文伯復命趙文子曰信我實不德而以隸人之垣以贏諸侯是吾罪也使士文伯謝不敏焉晉侯見鄭伯有加禮厚其宴好而歸之乃築諸侯之館叔向曰辭之不可以已也如是夫子產有辭諸侯賴之若之何其釋辭也詩曰辭之輯矣

民之協矣辭之繹矣民之莫矣其知之矣鄭子皮使印段如楚以適晉告禮也

十有一月莒人弒其君密州

莒犂比公生去疾及展輿既立展輿又廢之犂比公虐國人患之十一月展輿因國人以攻莒子弒之乃立去疾奔齊齊出也展輿吳出也書曰莒人弒其君買朱鉏言罪之在也

○吳子使屈狐庸聘于晉通路也趙文子問焉曰延州來季子其果立乎巢隕諸樊閽戕戴吳天

似啟之何如對曰不立是二王之命也非啟季子也若天所啟其在今嗣君乎甚德而度德不失民度不失事民親而事有序其天所啟也有吳國者必此君之子孫實終之季子守節者也雖有國不立

○十二月北宮文子相衛襄公以如楚宋之盟故也過鄭印段迋勞于棐林如聘禮而以勞辭文子入聘子羽爲行人馮簡子與子大叔逆客事畢而出言於衛侯曰鄭有禮其數世之福也其

分
文勢大約明
錯落作最奇

無大國之討乎詩云誰能執熱逝不以濯禮之於政如熱之有濯也濯以救熱何患之有子產之從政也擇能而使之馮簡子能斷大事子大叔美秀而文公孫揮能知四國之爲而辨於其大夫之族姓班位貴賤能否而又善爲辭令裨諶能謀謀於野則獲謀於邑則否鄭國將有諸侯之事子產乃問四國之爲於子羽且使多爲辭令與裨諶乘以適野使謀可否而告馮簡子使斷之事成乃授子大叔使行之以應對賓客

止論

而不如亟承有致

是以鮮有敗事北宮文子所謂有禮也

○鄭人游于鄉校以論執政然明謂子産曰毀鄉校如何子産曰何爲夫人朝夕退而游焉以議執政之善否其所善者吾則行之其所惡者吾則改之是吾師也若之何毀之我聞忠善以損怨不聞作威以防怨豈不遽止然猶防川大決所犯傷人必多吾不克救也不如小決使道不如吾聞而藥之也然明曰蔑也今而後知吾子之信可事也小人實不才若果行此其鄭國實

五使字亦在有意無意之間

精勁圓活其調最錬最有節奏四節四譬喻隨便插入絕無痕跡蓋即口頭語錄之入妙了文最易識然却不易學

賴之豈唯二三臣仲尼聞是語也曰以是觀之人謂子產不仁吾不信也

○子皮欲使尹何爲邑子產曰少未知可否子皮曰愿吾愛之不吾叛也使夫往而學焉夫亦愈知治矣子產曰不可人之愛人求利之也今吾子愛人則以政猶未能操刀而使割也其傷實多子之愛人傷之而已其誰敢求愛於子子於鄭國棟也棟折榱崩僑將厭焉敢不盡言子有美錦不使人學製焉大官大邑身之所庇也而

使學者製焉其爲美錦不亦多乎僑聞學而後入政未聞以政學者也若果行此必有所害譬如田獵射御貫則能獲禽若未嘗登車射御則敗績厭覆是懼何暇思獲子皮曰善哉虎不敏吾聞君子務知大者遠者小人務知小者近者我小人也衣服附在吾身我知而愼之大官大邑所以庇身也我遠而慢之微子之言吾不知也他日我曰子爲鄭國我爲吾家以庇焉其可也今而後知不足自今請雖吾家聽子而行子

產曰人心之不同如其面焉吾豈敢謂子面如
吾面乎抑心所爲危亦以告也子皮以爲忠故
委政焉子產是以能爲鄭國
○衞侯在楚北宮文子見令尹圍之威儀言於衞
侯曰令尹似君矣將有他志雖獲其志不能終
也詩云靡不有初鮮克有終終之實難令尹其
將不免公曰子何以知之對曰詩云敬慎威儀
惟民之則令尹無威儀民無則焉民所不則以
在民上不可以終公曰善哉何謂威儀對曰有

不甚錄之當
尤卑

威而可畏謂之威有儀而可象謂之儀君有君之威儀其臣畏而愛之則而象之故能有其國家令聞長世臣有臣之威儀其下畏而愛之故能守其官職保族宜家順是以下皆如是是以上下能相固也衛詩曰威儀棣棣不可選也言君臣上下父子兄弟內外大小皆有威儀也周詩曰朋友攸攝攝以威儀言朋友之道必相教訓以威儀也周書數文王之德曰大國畏其力小國懷其德言畏而愛之也詩曰不識不知順

亦具章法

帝之則言則而象之也紂囚文王七年諸侯皆從之囚紂於是乎懼而歸之可謂愛之文王伐崇再駕而降爲臣蠻夷帥服可謂畏之文王之功天下誦而歌舞之可謂則之文王之行至今爲法可謂象之有威儀也故君子在位可畏施舍可愛進退可度周旋可則容止可觀作事可法德行可象聲氣可樂動作有文言語有章以臨其下謂之有威儀也

萬曆丙辰夏吳興閔齊華閔齊伋閔象泰分次經傳

辭命

春秋左傳

昭公上

元年春王正月公卽位

叔孫豹會晉趙武楚公子圍齊國弱宋向戌衛齊惡陳公子招蔡公孫歸生鄭罕虎許人曹人于虢

元年春楚公子圍聘于鄭且娶於公孫段氏伍舉爲介將入館鄭人惡之使行人子羽與之言乃館於外既聘將以衆逆子產患之使子羽辭曰以敝邑褊小不足以容從者請墠聽命令尹

濃腴蒼勁

不寧作拗意頗有致第此四字於今則已爲陳腐直中的

長句累贅却就中取態此于鮮所希

命大宰伯州犂對曰君辱貺寡大夫圍謂圍將使豐氏撫有而室圍布几筵告於莊共之廟而來若野賜之是委君貺於草莽也是寡大夫不得列於諸卿也不寧唯是又使圍蒙其先君將不得爲寡君老其蔑以復矣唯大夫圖之子羽曰小國無罪恃實其罪將恃大國之安靖已而無乃包藏禍心以圖之小國失恃而懲諸侯使莫不憾者距違君命而有所壅塞不行是懼不然敝邑館人之屬也其敢愛豐氏之祧伍舉知

清婉多態

頓挫全在爲字句振起前後文勢語不甚駁而婉轉流動頗與戰國相近篇終是錄出語其調不同戰國透快此醞藉

其有備也請垂櫜而入許之正月乙未入逆而出遂會於虢尋宋之盟也祁午謂趙文子曰宋之盟楚人得志於晉今令尹之不信諸侯之所聞也子弗戒懼又如宋子木之信稱於諸侯猶詐晉而駕焉況不信之尤者乎楚重得志於晉晉之恥也子相晉國以為盟主於今七年矣再合諸侯三合大夫服齊狄寧東夏平秦亂城淳于師徒不頓國家不罷民無謗讟諸侯無怨天無大災子之力也有令名矣而終之以恥午也

此調與前同而更加鍊妙句々頓挫其語俱只作六七勢似盡非盡非盡却盡音最諧味最永後代所希只以未能句承圓妙

碎而工妙

是懼吾子其不可以不戒文子曰武受賜矣然宋之盟子木有禍人之心武有仁人之心是楚所以駕於晉也今武猶是心也楚又行僭非所害也武將信以爲本循而行之譬如農夫是穮是蔉雖有饑饉必有豐年且吾聞之能信不爲人下吾未能也詩曰不僭不賊鮮不爲則信也能爲人則者不爲人下矣吾不能是難楚不爲患楚令尹圍請用牲讀舊書加于牲上而已晉人許之三月甲辰盟楚公子圍設服離衛叔孫

儉誕

更深婉

兩子語子羽以持寧品之大是妙解

子羽若自許恐亦傷太直

穆子曰楚公子美矣君哉鄭子皮曰二執戈者前矣蔡子家曰蒲宮有前不亦可乎楚伯州犁曰此行也辭而假之寡君鄭行人揮曰假不反矣伯州犁曰子姑憂子晳之欲背誕也子羽曰當璧猶在假而不反子其無憂乎齊國子曰吾代二子愍矣陳公子招曰不憂何成二子樂矣衛齊子曰苟或知之雖憂何害宋合左師曰大國令小國共吾知共而已晉樂王鮒曰小旻之卒章善矣吾從之退會子羽謂子皮曰叔孫絞

八憂字亦似
亦意聯下然
錄法尚未盡

而婉宋左師簡而禮樂王鮒字而敬子與子家持之皆保世之主也齊衛陳大夫其不免乎國子代人憂子招樂憂齊子雖憂弗害夫弗及而憂與可憂而樂與憂而弗害皆取憂之道也憂必及之大誓曰民之所欲天必從之三大夫兆憂憂能無至乎言以知物其是之謂矣

三月取鄆

季武子伐莒取鄆莒人告於會楚告於晉曰尋盟未退而魯伐莒瀆齊盟請戮其使樂桓子相

全用四字句既傷板拙且文法又多是傳中常用者意雖工終不為妙

趙文子欲求貨於叔孫而為之請使請帶焉弗與梁其踁曰貨以藩身子何愛焉叔孫曰諸侯之會衛社稷也我以貨免魯必受師是禍之也何衛之為人之有牆以蔽惡也牆之隙壞誰之咎也衛而惡之吾又甚焉雖怨季孫魯國何罪叔出季處有自來矣吾又誰怨然鮒也賄弗與不已召使者裂裳帛而與之曰帶其褊矣趙孟聞之曰臨患不忘國忠也思難不越官信也圖國忘死貞也謀主三者義也有是四者又可戮

名獄四字句多然此前章猶錯綜第鑪鍊之力未盡尚覺宂而不淨練而不動

乎乃請諸楚曰魯雖有罪其執事不辟難畏威而敬命矣子若免之以勸左右可也若子之羣吏處不辟汚出不逃難其何患之有患之所生汚而不治難而不守所由來也能是二者又何患焉不靖其能其誰從之魯叔孫豹可謂能矣請免之以靖能者子會而赦有罪又賞其賢諸侯其誰不欣焉望楚而歸之視遠如邇疆場之邑一彼一此何常之有王伯之令也引其封疆而樹之官舉之表旗而著之制令過則有刑猶

此數語稍緊切

不可壹於是乎虞有三苗夏有觀扈商有姺邳周有徐奄自無令王諸侯逐進狎主齊盟其又可壹乎恤大舍小足以爲盟主又焉用之封疆之削何國蔑有主齊盟者誰能辯焉吳濮有釁楚之執事豈其顧盟莒之疆事楚勿與知諸侯無煩不亦可乎莒魯爭鄆爲日久矣苟無大害於其社稷可無亢也去煩宥善莫不競勸子其圖之固請諸楚楚人許之乃免叔孫

○令尹享趙孟賦大明之首章趙孟賦小宛之二

此比前章稍濃

三波

章事畢趙孟謂叔向曰令尹自以爲王矣何如對曰王弱令尹彊其可哉雖可不終趙孟曰何故對曰彊以克弱而安之彊不義也不義而彊其斃必速詩曰赫赫宗周褒姒滅之彊不義也令尹爲王必求諸侯晉少懦矣諸侯將往若獲諸侯其虐滋甚民弗堪也將何以終夫以彊取不義而克必以爲道道以淫虐弗可久已矣

○夏四月趙孟叔孫豹曹大夫入于鄭鄭伯兼享之子皮戒趙孟禮終趙孟賦瓠葉子皮遂戒穆

二闋賦而述義亦前所希然却增態又添趙孟一解相映發益有色

叔且告之穆叔曰趙孟欲一獻子其從之子皮曰敢乎穆叔曰夫人之所欲也又何不敢及享具五獻之籩豆於幕下趙孟辭私於子產曰武請於冢宰矣乃用一獻趙孟爲客禮終乃宴穆叔賦鵲巢趙孟曰武不堪也又賦采蘩曰小國爲蘩大國省穡而用之其何實非命子皮賦野有死麕之卒章趙孟賦常棣且曰吾兄弟比以安尨也可使無吠穆叔子皮及曹大夫興拜舉兕爵曰小國賴子知免於戾矣飲酒樂趙孟出

此語予今已陳

曰吾不復此矣

○天王使劉定公勞趙孟於潁館於雒汭劉子曰美哉禹功明德遠矣微禹吾其魚乎吾與子弁冕端委以治民臨諸侯禹之力也子盍亦遠績禹功而大庇民乎對曰老夫罪戾是懼焉能恤遠吾儕偷食朝不謀夕何其長也劉子歸以語王曰諺所謂老將知而耄及之者其趙孟之謂乎爲晉正卿以主諸侯而儕於隸人朝不謀夕弃神人矣神怒民叛何以能久趙孟不復年矣

神怒不歆其祀民叛不卽其事祀事不從又何以年

○叔孫歸曾夭御季孫以勞之旦及日中不出曾夭謂曾阜曰旦及日中吾知罪矣曾以相忍爲國也忍其外不忍其內焉用之阜曰數月於外一旦於是庸何傷賈而欲贏而惡囂乎阜謂叔孫曰可以出矣叔孫指楹曰雖惡是其可去乎乃出見之

○鄭徐吾犯之妹美公孫楚聘之矣公孫黑又使

古今奇事

抄得好

不云曲鈎却云直鈎自是周末文語

春秋左傳

強委禽焉犯懼告子產子產曰是國無政非子之患也唯所欲與犯請於二子請使女擇焉皆許之子皙盛飾入布幣而出子南戎服入左右射超乘而出女自房觀之曰子皙信美矣抑子南夫也夫夫婦婦所謂順也適子南氏子皙怒（筆法）既而櫜甲以見子南欲殺之而取其妻子南知之執戈逐之及衝擊之以戈子皙傷而歸告大夫曰我好見之不知其有異志也故傷大夫皆謀之子產曰直鈞幼賤有罪罪在楚也乃執子

南而數之曰國之大節有五女皆奸之畏君之威聽其政尊其貴事其長養其親五者所以爲國也今君在國女用兵焉不畏威也奸國之紀不聽政也子晳上大夫女嬖大夫而弗下之不尊貴也幼而不忌不事長也兵其從兄不養親也君曰余不女忍殺宥女以遠勉速行乎無重而罪五月庚辰鄭放游楚於吳將行子南子產咨於大叔大叔曰吉不能亢身焉能亢宗彼國政也非私難也子圖鄭國利則行之又何疑焉

不粧點而自有色

周公殺管叔而蔡蔡叔夫豈不愛王室故也吉若獲戾子將行之何有於諸游

夏秦伯之弟鍼出奔晉

。秦后子有寵於桓如二君（作偶語妙）於景其母曰弗去懼。選癸卯鍼適晉其車千乘書曰秦伯之弟鍼出奔晉罪秦伯也后子享晉侯造舟于河十里舍車自雍及絳歸取酬幣終事八反司馬侯問焉曰子之車盡於此而已乎對曰此之謂多矣若能少此吾何以得見女叔齊以告公且曰秦公子必歸臣聞君子能知其過必有令圖令圖天所贊也后子見趙孟趙孟曰吾子其曷歸對曰鍼懼選於寡君是以在此將待嗣君趙孟曰秦君何如對曰無道趙孟曰亡乎對曰何爲一世無道國未艾也國於天地有與立焉不數世淫弗能斃也趙孟曰天乎對曰有焉趙孟曰其幾何對曰鍼聞之國無道而年穀和熟天贊之也鮮不五稔趙孟視蔭曰朝夕不相及誰能待五后子出而告人曰趙孟將死矣主民翫歲而愒

曰其與幾何

六月丁巳邾子華卒

○鄭爲游楚亂故六月丁巳鄭伯及其大夫盟于公孫段氏罕虎公孫僑公孫段印段游吉駟帶私盟于閨門之外實薰隧公孫黑強與於盟使大史書其名且曰七子子產弗討

晉荀吴帥師敗狄于大鹵

晉中行穆子敗無終及羣狄于大原崇卒也將戰魏舒曰彼徒我車所遇又阨以什共車必克

困諸阨又克請皆卒自我始乃毀車以爲行五乘爲三伍荀吳之嬖人不肯卽卒斬以徇爲五陳以相離兩於前伍於後專爲右角參爲左角偏爲前拒以誘之翟人笑之未陳而薄之大敗之

秋莒去疾自齊入于莒　莒展輿出奔吳　叔弓帥師疆鄆田

莒展輿立而奪羣公子秩公子召去疾于齊秋齊公子鉏納去疾展輿奔吳叔弓帥師疆鄆田

理甚正但太實而欠圓妙又語多未鍊恐只以典故傳耳

敘此二神事稍渾動

因莒亂也於是莒務婁瞀胡及公子滅明以大厖與常儀靡奔齊君子曰莒展之不立棄人也夫人可棄乎詩曰無競維人善矣

葬邾悼公

○晉侯有疾鄭伯使公孫僑如晉聘且問疾叔向問焉曰寡君之疾病卜人曰實沈臺駘爲祟史莫之知敢問此何神也子產曰昔高辛氏有二子伯曰閼伯季曰實沈居于曠林不相能也日尋干戈以相征討后帝不臧遷閼伯于商丘主

辰商人是因故辰爲商星遷實沈于大夏主參唐人是因以服事夏商其季世曰唐叔虞當武王邑姜方震大叔夢帝謂已余命而子曰虞將與之唐屬諸參而蕃育其子孫及生有文在其手曰虞遂以命之及成王滅唐而封大叔焉故參爲晉星由是觀之則實沈參神也昔金天氏有裔子曰昧爲玄冥師生允格臺駘臺駘能業其官宣汾洮障大澤以處大原帝用嘉之封諸汾川沈姒蓐黄實守其祀今晉主汾而滅之矣

由是觀之則臺駘汾神也抑此二者不及君身山川之神則水旱癘疫之災於是乎禜之日月星辰之神則雪霜風雨之不時於是乎禜之若君身則亦出入飲食哀樂之事也山川星辰之神又何爲焉僑聞之君子有四時朝以聽政晝以訪問夕以脩令夜以安身於是乎節宣其氣勿使有所壅閉湫底以露其體茲心不爽而昏亂百度今無乃壹之則生疾矣僑又聞之內官不及同姓其生不殖美先盡矣則相生疾君子

是以惡之故志曰買妾不知其姓則卜之違此二者古之所愼也男女辨姓禮之大司也今君內實有四姬焉其無乃是也乎若由是二者弗可爲也已四姬有省猶可無則必生疾矣叔向曰善哉肸未之聞也此皆然矣叔向出行人揮送之叔向問鄭故焉且問子晳對曰其與幾何無禮而好陵人怙富而卑其上弗能久矣晉侯聞子產之言曰博物君子也重賄之晉侯求醫於秦秦伯使醫和視之曰疾不可爲也是謂近

女室疾如蠱非鬼非食惑以喪志良臣將死天命不祐公曰女不可近乎對曰節之先王之樂所以節百事也故有五節遲速本末以相及中聲以降五降之後不容彈矣於是有煩手淫聲慆堙心耳乃忘平和君子弗聽也物亦如之至於煩乃舍也已無以生疾君子之近琴瑟以儀節也非以慆心也天有六氣降生五味發爲五色徵爲五聲淫生六疾六氣曰陰陽風雨晦明也分爲四時序爲五節過則爲菑陰淫寒疾陽

淫熱疾風淫末疾雨淫腹疾晦淫惑疾明淫心
疾女陽物而晦時淫則生內熱惑蠱之疾今君
不節不時能無及此乎出告趙孟趙孟曰誰當
良臣對曰主是謂矣主相晉國於今八年晉國
無亂諸侯無闕可謂良矣和聞之國之大臣榮
其寵祿任其大節有菑禍興而無改焉必受其
咎今君至於淫以生疾將不能圖恤社稷禍孰
大焉主不能禦吾是以云也趙孟曰何謂蠱對
曰淫溺惑亂之所生也於文皿蟲爲蠱穀之飛

亦爲蠱在周易女惑男風落山謂之蠱䷑皆同
物也趙孟曰良醫也厚其禮而歸之
冬十有一月己酉楚子麇卒　楚公子比出奔晉
楚公子圍使公子黑肱伯州犂城犨櫟郟鄭人
懼子產曰不害令尹將行大事而先除二子也
禍不及鄭何患焉冬楚公子圍將聘于鄭伍舉
爲介未出竟聞王有疾而還伍舉遂聘十一月
己酉公子圍至入問王疾縊而弒之遂殺其二
子幕及平夏右尹子干出奔晉宮廄尹子晳出

以更妙

奔鄭殺大宰伯州犂于郟葬王于郟謂之郟敖使赴于鄭伍舉問應爲後之辭焉對曰寡大夫圍伍舉更之曰共王之子圍爲長子干奔晉從車五乘叔向使與秦公子同食皆百人之餼趙文子曰秦公子富叔向曰底祿以德德鈞以年年同以尊公子以國不聞以富且夫以千乘去其國彊禦已甚詩曰不侮鰥寡不畏彊禦秦楚匹也使后子與子干齒辭曰鍼懼選楚公子不獲是以皆來亦唯命且臣與羇齒無乃不可乎

史佚有言曰非羈何忌楚靈王即位薳罷爲令尹薳啟彊爲大宰鄭游吉如楚葬郟敖且聘立君歸謂子產曰具行器矣楚王汰侈而自說其事必合諸侯吾往無日矣子產曰不數年未能也

○十二月晉既烝趙孟適南陽將會孟子餘甲辰朔烝于温庚戌卒鄭伯如晉弔及雍乃復

二年春晉侯使韓起來聘

二年春晉侯使韓宣子來聘且告爲政而來見

禮也觀書於大史氏見易象與魯春秋曰周禮盡在魯矣吾乃今知周公之德與周之所以王也公享之季武子賦緜之卒章韓子賦角弓季武子拜曰敢拜子之彌縫敝邑寡君有望矣武子賦節之卒章既享宴于季氏有嘉樹焉宣子譽之武子曰宿敢不封殖此樹以無忘角弓遂賦甘棠宣子曰起不堪也無以及召公宣子遂如齊納幣見子雅子雅召子旗使見宣子宣子曰非保家之主也不臣見子尾子尾見彊宣子

謂之如子旗大夫多笑之唯晏子信之曰夫子君子也君子有信其有以知之矣自齊聘於衞衞侯享之北宮文子賦淇澳宣子賦木瓜

○夏四月韓須如齊逆女齊陳無宇送女致少姜少姜有寵於晉侯晉侯謂之少齊謂陳無宇非卿執諸中都少姜爲之請曰送從逆班畏大國也猶有所易是以亂作

夏叔弓如晉

叔弓聘于晉報宣子也晉侯使郊勞辭曰寡君

使丐來繼舊好固曰女無敢爲賓徹命於執事
敝邑弘矣敢辱郊使請辭致館辭曰寡君命下
臣來繼舊好好合使成臣之祿也敢辱大館叔
向曰子叔子知禮哉吾聞之曰忠信禮之器也
卑讓禮之宗也辭不忘國忠信也先國後已卑
讓也詩曰敬慎威儀以近有德夫子近德矣
秋鄭殺其大夫公孫黑
秋鄭公孫黑將作亂欲去游氏而代其位傷疾
作而不果駟氏與諸大夫欲殺之子產在鄙聞

之懼弗及乘遽而至使吏數之曰伯有之亂以
大國之事而未爾討也爾有亂心無厭國不女
堪專伐伯有而罪一也昆弟爭室而罪二也薰
隧之盟女矯君位而罪三也有死罪三何以堪
之不速死大刑將至再拜稽首辭曰死在朝夕
無助天爲虐子產曰人誰不死凶人不終命也
作凶事爲凶人不助天其助凶人乎請以印爲
褚師子產曰印也若才君將任之不才將朝夕
從女女罪之不恤而又何請焉不速死司寇將

至七月壬寅縊尸諸周氏之衢加木焉

冬公如晉至河乃復季孫宿如晉

晉少姜卒公如晉及河晉侯使士文伯來辭曰非伉儷也請君無辱公還季孫宿遂致服焉叔向言陳無宇於晉侯曰彼何罪君使公族逆之齊使上大夫送之猶曰不共君求以貪國則不共而執其使君刑已頗何以爲盟主且少姜有辭冬十月陳無宇歸十一月鄭印段如晉弔

三年

平叙

春秋左傳

○三年春王正月鄭游吉如晉送少姜之葬梁丙與張趯見之梁丙曰甚矣哉子之爲此來也子大叔曰將得已乎昔文襄之霸也其務不煩諸侯令諸侯三歲而聘五歲而朝有事而會不恊而盟君薨大夫弔卿共葬事夫人士弔大夫送葬足以昭禮命事謀闕而已無加命矣今嬖寵之喪不敢擇位而數於守適唯懼獲戾豈敢憚煩少姜有寵而死齊必繼室今兹吾又將來賀不唯此行也張趯曰善哉吾得聞此數也然自

辭法

今子其無事矣譬如火焉火中寒暑乃退此其極也能無退乎晉將失諸侯諸侯求煩不獲二大夫退子大叔告人曰張趯有知其猶在君子之後乎

春王正月丁未滕子原卒

丁未滕子原卒同盟故書名

○齊侯使晏嬰請繼室於晉曰寡君使嬰曰寡人願事君朝夕不倦將奉質幣以無失時則國家多難是以不獲不腆先君之適以備內官焜燿

雖亦腴淨然大約是左氏常調

寡人之望則又無祿早世隕命寡人失望君若不忘先君之好惠顧齊國辱收寡人徼福於大公丁公照臨敝邑鎮撫其社稷則猶有先君之適及遺姑姊妹若而人君若不弃敝邑而辱使董振擇之以備嬪嬙寡人之望也韓宣子使叔向對曰寡君之願也寡君不能獨任其社稷之事未有伉儷在縗絰之中是以未敢請君有辱命惠莫大焉若惠顧敝邑撫有晉國賜之內主豈唯寡君舉羣臣實受其貺其自唐叔以下實

造語絕了如謠如誦不說原因症舉見在其骨奇其力學其味淡其色古又別是一種調法于古今最少與在傳中亦寡二

寵嘉之既成昏晏子受禮叔向從之宴相與語叔向曰齊其何如晏子曰此季世也吾弗知齊其為陳氏矣公弃其民而歸於陳氏齊舊四量豆區釜鍾四升為豆各自其四以登於釜釜十則鍾陳氏三量皆登一焉鍾乃大矣以家量貸而以公量收之山木如市弗加於山魚鹽蜃蛤弗加於海民參其力二入於公而衣食其一公聚朽蠹而三老凍餒國之諸市屨賤踊貴民人痛疾而或燠休之其愛之如父母而歸之如流

水欲無獲民將焉辟之箕伯直柄虞遂伯戲其相胡公大姬已在齊矣叔向曰然雖吾公室今亦季世也戎馬不駕卿無軍行公乘無人卒列無長庶民罷敝而宮室滋侈道殣相望而女富溢尤民聞公命如逃寇讎欒郤胥原狐續慶伯降在皁隸政在家門民無所依君日不悛以樂慆憂公室之卑其何日之有讒鼎之銘曰昧旦丕顯後世猶怠況日不悛其能久乎晏子曰子將若何叔向曰晉之公族盡矣肸聞之公室將

前語嚴重此只因踊貴屨賤四字遂詳述更宅首尾却更流動活潑

卑其宗族枝葉先落則公從之肸之宗十一族唯羊舌氏在而已肸又無子公室無度幸而得死豈其獲祀初景公欲更晏子之宅曰子之宅近市湫隘囂塵不可以居請更諸爽塏者辭曰君之先臣容焉臣不足以嗣之於臣侈矣且小人近市朝夕得所求小人之利也敢煩里旅公笑曰子近市識貴賤乎對曰旣利之敢不識乎公曰何貴何賤於是景公繁於刑有鬻踊者故對曰踊貴屨賤旣已告於君故與叔向語而稱

此等議論發揮在此傳頗少此固是史記源本

之景公為是省於刑君子曰仁人之言其利博哉晏子一言而齊侯省刑詩曰君子如祉亂庶遄已其是之謂乎及晏子如晉公更其宅反則成矣既拜乃毀之而為里室皆如其舊則使宅人反之且諺曰非宅是卜唯鄰是卜二三子先卜鄰矣違卜不祥君子不犯非禮小人不犯不祥古之制也吾敢違諸乎卒復其舊宅公弗許因陳桓子以請乃許之

○夏四月鄭伯如晉公孫段相甚敬而卑禮無違

者晉侯嘉焉授之以策曰子豐有勞於晉國余聞而弗忘賜女州田以胙乃舊勳伯石再拜稽首受策以出君子曰禮其人之急也乎伯石之汰也一爲禮於晉猶荷其祿況以禮終始乎詩曰人而無禮胡不遄死其是之謂乎初州縣欒豹之邑也及欒氏亡范宣子趙文子韓宣子皆欲之文子曰溫吾縣也二宣子曰自郤稱以別三傳矣晉之別縣不唯州誰獲治之文子病之乃舍之二子曰吾不可以正議而自與也皆舍

此忌戚即是忌日杜訓忌怨也

之及文子爲政趙獲曰可以取州矣文子曰退二子之言義也違義禍也余不能治余縣又焉用州其以徼禍也君子曰弗知實難知而弗從禍莫大焉有言州必死豐氏故主韓氏伯石之獲州也韓宣子爲之請之爲其復取之之故

夏叔弓如滕五月葬滕成公

五月叔弓如滕葬滕成公子服椒爲介及郊遇懿伯之忌敬子不入惠伯曰公事有公利無私忌椒請先入乃先受館敬子從之

句句緊切無一閒字純是骨清脈類公穀而不以拗調見奇此眞是百煉之金

○晉韓起如齊逆女公孫蠆爲少姜之有寵也以其子更公女而嫁公子人謂宣子子尾欺晉晉胡受之宣子曰我欲得齊而遠其寵寵將來乎

○秋七月鄭罕虎如晉賀夫人且告曰楚人日徵敝邑以不朝立王之故敝邑之往則畏執事其謂寡君而固有外心其不往則宋之盟云進退罪也寡君使虎布之宣子使叔向對曰君若辱有寡君在楚何害脩宋盟也君苟思盟寡君乃知免於戾矣君若不有寡君雖朝夕辱於敝邑

文須入此境乃神

寡君倩焉君實有心何辱命焉君其往也苟有寡君在楚猶在晉也張趯使謂大叔曰自子之歸也小人糞除先人之敝廬曰子其將來今子皮實來小人失望大叔曰吉賤不獲來畏大國尊夫人也且孟曰而將無事吉庶幾焉

秋小邾子來朝

小邾穆公來朝季武子欲卑之穆叔曰不可曹滕二邾實不忘我好敬以逆之猶懼其貳又卑一睦焉逆羣好也其如舊而加敬焉志曰能敬

無災又曰敬逆來者天所福也季孫從之

八月大雩

八月大雩旱也

○齊侯田於莒盧蒲嫳見泣且請曰余髮如此種種余奚能爲公曰諾吾告二子歸而告之子尾欲復之子雅不可曰彼其髮短而心甚長其或寢處我矣九月子雅放盧蒲嫳于北燕

冬大雨雹

北燕伯款出奔齊

燕簡公多嬖寵欲去諸大夫而立其寵人冬燕大夫比以殺公之外嬖公懼奔齊書曰北燕伯款出奔齊罪之也

○十月鄭伯如楚子產相楚子享之賦吉日既享子產乃具田備王以田江南之夢

○齊公孫竈卒司馬竈見晏子曰又喪子雅矣晏子曰惜也子旗不免殆哉姜族弱矣而嬀將始昌二惠競爽猶可又弱一个焉姜其危哉

四年

辭命

妙論

摛詞亦只是左傳常調

○四年春王正月許男如楚楚子止之遂止鄭伯復田江南許男與焉使椒舉如晉求諸侯二君待之椒舉致命曰寡君使舉曰日君有惠賜盟于宋曰晉楚之從交相見也以歲之不易寡人願結驩於二三君使舉請閒君若苟無四方之虞則願假寵以請於諸侯晉侯欲勿許司馬侯曰不可楚王方侈天或者欲逞其心以厚其毒而降之罰未可知也其使能終亦未可知也晉楚唯天所相不可與爭君其許之而脩德以待

又勢錯落好

善論

其歸若歸於德吾猶將事之況諸侯乎若適淫
虐楚將弃之吾又誰與爭曰晉有三不殆其何
敵之有國險而多馬齊楚多難有是三者何鄉
而不濟對曰恃險與馬而虞鄰國之難是三殆
也四嶽三塗陽城大室荊山中南九州之險也
是不一姓冀之北土馬之所生無興國焉恃險
與馬不可以爲固也從古以然是以先王務脩
德音以亨神人不聞其務險與馬也鄰國之難
不可虞也或多難以固其國啓其疆土或無難

引古收尾若洽語然邪有餘味

辭命

作波又為後根

以喪其國失其守宇若何虞難齊有仲孫之難
而獲桓公至今賴之晉有里丕之難而獲文公
是以爲盟主衞邢無難敵亦喪之故人之難不
可虞也恃此三者而不脩政德亡於不暇又何
能濟君其許之紂作淫虐文王惠和殷是以隕
周是以興夫豈爭諸侯乃許楚使使叔向對曰
寡君有社稷之事是以不獲春秋時見諸侯君
實有之何辱命焉椒舉遂請昏晉侯許之楚子
問於子産曰晉其許我諸侯乎對曰許君晉君

兩語拙促之
致

少安不在諸侯其大夫多求莫匡其君在宋之盟又曰如一若不許君將焉用之王曰諸侯其來乎對曰必來從宋之盟承君之歡不畏大國何故不來不來者其魯衞曹邾乎曹畏宋邾畏魯魯衞偪於齊而親於晉唯是不來其餘君之所及也誰敢不至王曰然則吾所求者無不可乎對曰求逞於人不可與人同欲盡濟

春王正月大雨雹

大雨雹季武子問於申豐曰雹可禦乎對曰聖

與故可存文
則排而率易

人在上無雹雖有不爲災古者日在北陸而藏
氷西陸朝覿而出之其藏氷也深山窮谷固陰
沍寒於是乎取之其出之也朝之祿位賓食喪
祭於是乎用之其藏之也黑牡秬黍以享司寒
其出之也桃弧棘矢以除其災其出入也時食
肉之祿氷皆與焉大夫命婦喪浴用氷祭寒而
藏之獻羔而啟之公始用之火出而畢賦自命
夫命婦至於老疾無不受氷山人取之縣人傳
之輿人納之隷人藏之夫氷以風壯而以風出

其藏之也周其用之也徧則冬無愆陽夏無伏陰春無淒風秋無苦雨雷出不震無菑霜雹癘疾不降民不夭札今藏川池之氷弃而不用風不越而殺雷不發而震雹之爲菑誰能禦之七月之卒章藏氷之道也

夏楚子蔡侯陳侯鄭伯許男徐子滕子頓子胡子沈子小邾子宋世子佐淮夷會于申 楚人執徐子 秋七月楚子蔡侯陳侯許男頓子胡子沈子淮夷伐吳 執齊慶封殺之 遂滅賴

夏諸侯如楚魯衞曹邾不會曹邾辭以難公辭以時祭衞侯辭以疾鄭伯先待于申六月丙午楚子合諸侯于申椒舉言於楚子曰臣聞諸侯無歸禮以爲歸今君始得諸侯其愼禮矣霸之濟否在此會也夏啓有鈞臺之享商湯有景亳之命周武有孟津之誓成有岐陽之蒐康有酆宮之朝穆有塗山之會齊桓有召陵之師晉文有踐土之盟君其何用宋向戌鄭公孫僑在諸侯之良也君其選焉王曰吾用齊桓王使問禮

中神此斷語甚有致

辭命

於左師與子產左師曰小國習之大國用之敢不薦聞獻公合諸侯之禮六子產曰小國共職敢不薦守獻伯子男會公之禮六君子謂合左師善守先代子產善相小國王使椒舉侍於後以規過卒事不規王問其故對曰禮吾未見者有六焉又何以規宋大子佐後至王田於武城久而弗見椒舉請辭焉王使往曰屬有宗祧之事於武城寡君將墮幣焉敢謝後見徐子吳出也以爲貳焉故執諸申楚子示諸侯侈椒舉曰

六王二公事前已舉故於此補三汰法自宜然此亦只是具骨之文

此十年卻作兩種意斷自是文字波瀾

夫六王二公之事皆所以示諸侯禮也諸侯所由用命也夏桀爲仍之會有緡叛之商紂爲黎之蒐東夷叛之周幽爲大室之盟戎狄叛之皆所以示諸侯汰也諸侯所由弃命也今君以汰無乃不濟乎王弗聽子產見左師曰吾不患楚矣汰而愎諫不過十年左師曰然不十年侈其惡不遠遠惡而後弃善亦如之德遠而後興秋七月楚子以諸侯伐吳宋大子鄭伯先歸宋華費遂鄭大夫從使屈申圍朱方八月甲申克之

必有此等語作波姿態方濃

事奇

執齊慶封而盡滅其族將戮慶封椒舉曰臣聞無瑕者可以戮人慶封唯逆命是以在此其肯從於戮乎播於諸侯焉用之王弗聽負之斧鉞以徇於諸侯使言曰無或如齊慶封弒其君弱其孤以盟其大夫慶封曰無或如楚共王之庶子圍弒其君兄之子麇而代之以盟諸侯王使速殺之遂以諸侯滅賴賴子面縛銜璧士袒輿櫬從之造於中軍王問諸椒舉對曰成王克許許僖公如是王親釋其縛受其璧焚其櫬王從

意甚佳然文辭未工

之遷賴於鄢楚子欲遷許於賴使鬬韋龜與公子弃疾城之而還申無宇曰楚禍之首將在此矣召諸侯而來伐國而克城竟莫校王心不違民其居乎民之不處其誰堪之不堪王命乃禍亂也

九月取鄫

九月取鄫言易也莒亂著丘公立而不撫鄫鄫叛而來故曰取凡克邑不用師徒曰取

○鄭子產作丘賦國人謗之曰其父死於路已爲

正論

四語是千載口實然于今則已陳

蠆尾以令於國國將若之何子寬以告子産曰
何害苟利社稷死生以之且吾聞爲善者不改
其度故能有濟也民不可逞度不可改詩曰禮
義不愆何恤於人言吾不遷矣渾罕曰國氏其
先亡乎君子作法於涼其敝猶貪作法於貪敝
將若之何姬在列者蔡及曹滕其先亡乎偪而
無禮鄭先衛亡偪而無法政不率法而制於心
民各有心何上之有
○冬吴伐楚入棘櫟麻以報朱方之役楚沈尹射

敘事入細描寫意狀絕妙

奔命於夏汭葴尹宜咎城鍾離薳啓彊城巢然
丹城州來東國水不可以城彭生罷賴之師
冬十有二月乙卯叔孫豹卒
初穆子去叔孫氏及庚宗遇婦人使私爲食而
宿焉問其行告之故哭而送之適齊娶於國氏
生孟丙仲壬夢天壓己弗勝顧而見人黑而上
僂深目而豭喙號之曰牛助余乃勝之旦而皆
（細妙）
召其徒無之且曰志之及宣伯奔齊饋之宣伯
（細妙）
曰魯以先子之故將存吾宗必召女召女何如

情狀躍如

對曰願之久矣魯人召之不告而歸既立所宿庚宗之婦人獻以雉問其姓對曰余子長矣能奉雉而從我矣召而見之則所夢也未問其名號之曰牛曰唯皆召其徒使視之遂使爲豎有寵長使爲政公孫明知叔孫於齊歸未逆國姜子明取之故怒其子長而後使逆之田於丘蕕遂遇疾焉豎牛欲亂其室而有之強與孟盟不可叔孫爲孟鐘曰爾未際饗大夫以落之既具使豎牛請日入弗謁出命之日及賓至聞鐘聲

一鐘一環自是實說

有豎牛使有杜洩若只一箇便单求之而至正指牛 杜註言求食可得無為去豎牛

牛曰孟有北婦人之客怒將往牛止之賓出使（閒語）
拘而殺諸外牛又強與仲盟不可仲與公御萊
書觀於公公與之環使牛入示之入不示出命
佩之牛謂叔孫見仲而何叔孫曰何為曰不見
既自見矣公與之環而佩之矣遂逐之奔齊疾
急命召仲牛許而不召杜洩見告之饑渴授之
戈對曰求之而至又何去焉豎牛曰夫子疾病
不欲見人使寘饋于个而退牛弗進則置虛命（細妙）（細妙）
徹十二月癸丑叔孫不食乙卯卒牛立昭子而

相之公使杜洩葬叔孫豎牛賂叔仲昭子與南遺使惡杜洩於季孫而去之杜洩將以路葬且盡卿禮南遺謂季孫曰叔孫未乘路葬焉用之且冢卿無路介卿以葬不亦左乎季孫曰然使杜洩舍路不可曰夫子受命於朝而聘于王王思舊勳而賜之路復命而致之君君不敢逆王命而復賜之使三官書之吾子爲司徒實書名夫子爲司馬與工正書服孟孫爲司空以書勲今死而弗以是弃君命也書在公府而弗以是

廢三官也若命服生弗敢服死又不以將焉用之乃使以葬季孫謀去中軍豎牛曰夫子固欲去之

五年春王正月舍中軍

五年春王正月舍中軍卑公室也毀中軍于施氏成諸臧氏初作中軍三分公室而各有其一季氏盡征之叔孫氏臣其子弟孟氏取其半焉及其舍之也四分公室季氏擇二二子各一皆盡征之而貢于公以書使杜洩告於殯曰子固

欲毀中軍既毀之矣故告杜洩曰夫子唯不欲
毀也故盟諸僖閎詛諸五父之衢受其書而投
之帥士而哭之叔仲子謂季孫曰帶受命於子
叔孫曰葬鮮者自西門季孫命杜洩杜洩曰卿
喪自朝魯禮也吾子爲國政未改禮而又遷之
羣臣懼死不敢自也既葬而行仲至自齊季孫
欲立之南遺曰叔孫氏厚則季氏薄彼實家亂
子勿與知不亦可乎南遺使國人助豎牛以攻
諸大庫之庭司宮射之中目而死豎牛取東鄙

此文辭原與稱叔事符合固自非偶

三十邑以與南遺昭子即位朝其家衆曰豎牛禍叔孫氏使亂大從殺適立庶又披其邑將以赦罪罪莫大焉必速殺之豎牛懼奔齊孟仲之子殺諸塞關之外投其首於寧風之棘上仲尼曰叔孫昭子之不勞不可能也周任有言曰爲政者不賞私勞不罰私怨詩云有覺德行四國順之初穆子之生也莊叔以周易筮之遇明夷䷣之謙䷎以示卜楚丘曰是將行而歸爲子祀以讒人入其名曰牛卒以餒死明夷日也日之

數十故有十時亦當十位自王以下其二爲公其三爲卿日上其中食日爲二旦日爲三明夷之謙明而未融其當旦乎故曰爲子祀日之謙當鳥故曰明夷于飛明而未融故曰垂其翼象日之動故曰君子于行當三在旦故曰三日不食離火也艮山也離爲火火焚山山敗於人爲言敗言爲讒故曰有攸往主人有言言必讒也純離爲牛世亂讒勝勝將適離故曰其名爲牛謙不足飛不翔垂不峻翼不廣故曰其爲子後

乎吾子亞卿也抑少不終

楚殺其大夫屈申

楚子以屈申爲貳於吳乃殺之以屈生爲莫敖使與令尹子蕩如晉逆女過鄭鄭伯勞子蕩于氾勞屈生于菟氏晉侯送女于邢丘子產相鄭伯會晉侯于邢丘

公如晉

公如晉自郊勞至于贈賄無失禮晉侯謂女叔齊曰魯侯不亦善於禮乎對曰魯侯焉知禮公

論正然文不甚佳

曰何爲自郊勞至于贈賄禮無違者何故不知對曰是儀也不可謂禮禮所以守其國行其政令無失其民者也今政令在家不能取也有子家羈弗能用也奸大國之盟陵虐小國利人之難不知其私公室四分民食於他思莫在公不圖其終爲國君難將及身不恤其所禮之本末將於此乎在而屑屑焉習儀以亟言善於禮不亦遠乎君子謂叔侯於是乎知禮

○晉韓宣子如楚送女叔向爲介鄭子皮子大叔

排而冗又無精意頗可厭

勞諸索氏大叔謂叔向曰楚王汏侈已甚子其戒之叔向曰汏侈已甚身之災也焉能及人若奉吾幣帛慎吾威儀守之以信行之以禮敬始而思終終無不復從而不失儀敬而不失威道之以訓辭奉之以舊法考之以先王度之以二國雖汏侈若我何及楚楚子朝其大夫曰晉吾仇敵也苟得志焉無恤其他今其來者上卿上大夫也若吾以韓起爲閽而以羊舌肸爲司宮足以辱晉吾亦得志矣可乎大夫莫對薳啟彊

迂

陪鼎何是看卓

妙論

曰可苟有其備何故不可恥匹夫不可以無備況恥國乎是以聖王務行禮不求恥人朝聘有珪享頫有章小有述職大有巡功設机而不倚爵盈而不飲宴有好貨飧有陪鼎入有郊勞出有贈賄禮之至也國家之敗失之道也則禍亂興城濮之役晉無楚備以敗於邲邲之役楚無晉備以敗於鄢自鄢以來晉不失備而加之以禮重之以睦是以楚弗能報而求親焉既獲姻親又欲恥之以召寇讎備之若何誰其重此若

承上[illegible][illegible]句來
甚功暢

有其人恥之可也若其未有君亦圖之晉之事君臣曰可矣求諸侯而麇至求昏而薦女君親送之上卿及上大夫致之猶欲恥之君其亦有備矣不然奈何韓起之下趙成中行吳魏舒范鞅知盈羊舌肸之下祁午張趯籍談女齊梁丙張骼輔躒苗賁皇皆諸侯之選也韓襄爲公族大夫韓須受命而使矣箕襄邢帶叔禽叔椒子羽皆大家也韓賦七邑皆成縣也羊舌四族皆彊家也晉人若喪韓起楊肸五卿八大夫輔韓

周拗調作勁直勢收于上文甚相應然郤是左氏常語

須楊石因其十家九縣長轂九百其餘四十縣遺守四千奮其武怒以報其大恥伯華謀之中行伯魏舒帥之其蔑不濟矣君將以親易怨實無禮以速寇而未有其備使羣臣往遺之禽以逞君心何不可之有王曰不穀之過也大夫無辱厚爲韓子禮王欲敖叔向以其所不知而不能亦厚其禮韓起反鄭伯勞諸圉辭不敢見禮也

○鄭罕虎如齊娶於子尾氏晏子驟見之陳桓子

正論

問其故對曰能用善人民之主也

夏莒牟夷以牟婁及防茲來奔　秋七月公至自晉

夏莒牟夷以牟婁及防茲來奔牟夷非卿而書尊地也莒人愬於晉晉侯欲止公范獻子曰不可人朝而執之誘也討不以師而誘以成之惰也爲盟主而犯此二者無乃不可乎請歸之閒而以師討焉乃歸公秋七月公至自晉

戊辰叔弓帥師敗莒師于蚡泉

莒人來討不設備戊辰叔弓敗諸蚡泉莒未陳也

秦伯卒

冬楚子蔡侯陳侯許男頓子沈子徐人越人伐吳

冬十月楚子以諸侯及東夷伐吳以報棘櫟麻之役薳射以繁揚之師會於夏汭越大夫常壽過帥師會楚子于瑣聞吳師出薳啟彊帥師從之遽不設備吳人敗諸鵲岸楚子以馹至於羅汭吳子使其弟蹶由犒師楚人執之將以釁鼓

氣甚壯意甚巧細看亦儘精俏但草草看去翻覺未盡鎔裁此是鍊調未入妙故

王使問焉曰女卜來吉乎對曰吉寡君聞君將治兵於敝邑卜之以守龜曰余亟使人犒師請行以觀王怒之疾徐而爲之備尚克知之龜兆告吉曰克可知也君若驩焉好逆使臣滋敝邑休怠而忘其死亡無日矣今君奮焉震電馮怒虐執使臣將以釁鼓則吳知所備矣敝邑雖羸若早脩完其可以息師難易有備可謂吉矣且吳社稷是卜豈爲一人使臣獲釁軍鼓而敝邑知備以禦不虞其爲吉孰大焉國之守龜其何

事不卜一臧一否其誰能常之城濮之兆其報在邲今此行也其庸有報志乃弗殺楚師濟於羅汭沈尹赤會楚子次於萊山薳射帥繁揚之師先入南懷楚師從之及汝清吳不可入楚子遂觀兵於坻箕之山是行也吳早設備楚無功而還以蹶由歸楚子懼吳使沈尹射待命于巢薳啟彊待命于雩婁禮也

○秦后子復歸于秦景公卒故也

六年春王正月杞伯益姑卒

雖是有名文字却不爲上乘

此處頗牽而兒

六年春王正月杞文公卒弔如同盟禮也

葬秦景公

大夫如秦葬景公禮也

○三月鄭人鑄刑書叔向使詒子產書曰始吾有虞於子今則已矣昔先王議事以制不爲刑辟懼民之有爭心也猶不可禁禦是故閑之以義糾之以政行之以禮守之以信奉之以仁制爲祿位以勸其從嚴斷刑罰以威其淫懼其未也故誨之以忠聳之以行教之以務使之以和臨

此下補朕錄論詩精語亦精

前數句已說詩精實此處

之以敬涖之以彊斷之以剛猶求聖哲之上明察之官忠信之長慈惠之師民於是乎可任使也而不生禍亂民知有辟則不忌於上並有爭心以徵於書而徼幸以成之弗可爲矣夏有亂政而作禹刑商有亂政而作湯刑周有亂政而作九刑三辟之興皆叔世也今吾子相鄭國作封洫立謗政制參辟鑄刑書將以靖民不亦難乎詩曰儀式刑文王之德日靖四方又曰儀刑文王萬邦作孚如是何辟之有民知爭端矣將

許瀾按東但鄙前意所深之仍不出前語推略覺流動姿態便適而其着色處又只在端錐刀三字上

加籩似是今之幫卓

弃禮而徵於書錐刀之末將盡爭之亂獄滋豐賄賂並行終子之世鄭其敗乎肸聞之國將亡必多制其此之謂乎復書曰若吾子之言僑不才不能及子孫吾以救世也既不承命敢忘大惠士文伯曰火見鄭其火乎火未出而作火以鑄刑器藏爭辟焉火如象之不火何爲

夏季孫宿如晉

夏季孫宿如晉拜莒田也晉侯享之有加籩武子退使行人告曰小國之事大國也苟免於討

事與伊戾同敘法亦同但字句稍省耳

不敢求貺得貺不過三獻今豆有加下臣弗堪無乃戾也韓宣子曰寡君以爲驩也對曰寡君猶未敢況下臣君之隸也敢聞加貺固請徹加而後卒事晉人以爲知禮重其好貨

葬杞文公

宋華合比出奔衛

宋寺人柳有寵大子佐惡之華合比曰我殺之柳聞之乃坎用牲埋書而告公曰合比將納亡人之族既盟于北郭矣公使視之有焉遂逐華

合比合比奔衞於是華亥欲代右師乃與寺人柳比從爲之徵曰聞之久矣公使代之見於左師左師曰女夫也必亡女喪而宗室於人何有人亦於女何有詩曰宗子維城毋俾城壞毋獨斯畏女其畏哉

○六月丙戌鄭災

○楚公子弃疾如晉報韓子也過鄭鄭罕虎公孫僑游吉從鄭伯以勞諸相辭不敢見固請見之見如見王以其乘馬八匹私面見子皮如上卿

宋人則曰既是不是不可學他不是雖小賤亦四時戒衷從戒作則匹夫

以馬六匹見子產以馬四匹見子大叔以馬二匹禁芻牧採樵不入田不樵樹不采蓺不抽屋不強匄誓曰有犯命者君子廢小人降舍不爲暴主不慁賓往來如是鄭三卿皆知其將爲王也韓宣子之適楚也楚人弗逆公子弃疾及晉竟晉侯將亦弗逆叔向曰楚辟我衷若何效辟詩曰爾之教矣民胥效矣從我而巳焉用效人之辟書曰聖作則無寧以善人爲則而則人之辟乎匹夫爲善民猶則之况國君乎晉侯說乃

逆之

秋九月大雩

秋九月大雩旱也

楚薳罷帥師伐吳

徐儀楚聘于楚楚子執之逃歸懼其叛也使薳洩伐徐吳人救之令尹子蕩帥師伐吳師于豫章而次于乾谿吳人敗其師於房鍾獲宮廄尹弃疾子蕩歸罪於薳洩而殺之

冬叔弓如楚

冬叔弓如楚聘且弔敗也

齊侯伐北燕

十一月齊侯如晉請伐北燕也士匄相士鞅逆諸河禮也晉侯許之十二月齊侯遂伐北燕將納簡公晏子曰不入燕有君矣民不貳吾君賄左右諂諛作大事不以信未嘗可也

七年春王正月暨齊平

七年春王正月暨齊平齊求之也

○癸巳齊侯次于虢燕人行成曰敝邑知罪敢不

敘事有步驟有態

動暢

聽命先君之敝器請以謝罪公孫晳曰受服而退俟釁而動可也二月戊午盟于濡上燕人歸燕姬賂以瑤罋玉櫝斝耳不克而還

○楚子之爲令尹也爲王旌以田芋尹無宇斷之曰一國兩君其誰堪之及卽位爲章華之宮納亡人以實之無宇之閽入焉無宇執之有司弗與曰執人於王宮其罪大矣執而謁諸王王將飲酒無宇辭曰天子經畧諸侯正封古之制也封畧之內何非君土食土之毛誰非君臣故詩

疊句連下至闌牧卻作偶語承是文勢操縱合如此甚有節奏

曰普天之下莫非王土率土之濱莫非王臣天有十日人有十等下所以事上上所以共神也故王臣公公臣大夫大夫臣士士臣皁皁臣輿輿臣隸隸臣僚僚臣僕僕臣臺馬有圉牛有牧以待百事今有司曰女胡執人於王宮將焉執之周文王之法曰有亡荒閱所以得天下也吾先君文王作僕區之法曰盜所隱器與盜同罪所以封汝也若從有司是無所執逃臣也逃而舍之是無陪臺也王事無乃闕乎昔武王數紂

辭命

之罪以告諸侯曰紂爲天下逋逃主萃淵藪故夫致死焉君王始求諸侯而則紂無乃不可乎若以二文之法取之盜有所在矣王曰取而臣以往盜有寵未可得也遂赦之

三月公如楚

楚子成章華之臺願與諸侯落之大宰薳啟彊曰臣能得魯侯薳啟彊來召公辭曰昔先君成公命我先大夫嬰齊曰吾不忘先君之好將使衡父照臨楚國鎮撫其社稷以輯寧爾民嬰齊

曰字無謂恐有悞

一味要切呼蜀

文儘工但稍傷傾倚刪數語當更妙

受命于蜀奉承以來弗敢失隕而致諸宗祧曰我先君共王引領北望日月以冀傳序相授於今四王矣嘉惠未至唯襄公之辱臨我喪孤與其二三臣悼心失圖社稷之不皇況能懷思君德今君若步玉趾辱見寡君寵臨楚國以信蜀之役致君之嘉惠是寡君既受貺矣何蜀之敢望其先君鬼神實嘉賴之豈唯寡君君若不來使臣請問行期寡君將承質幣而見于蜀以請先君之貺公將往夢襄公祖梓慎曰君不果行

議論文機全與戰國相似但鋏縱法稍異耳

矣晉師必至吾無以待之不如與之閒晉而取諸杞吾與子桃成反誰敢有之是得二成也魯無憂而孟孫益邑子何病焉辭以無山與之萊柞乃遷于桃晉人爲杞取成

○楚子享公于新臺使長鬣者相好以大屈既而悔之薳啟彊聞之見公公語之拜賀公曰何賀對曰齊與晉越欲此久矣寡君無適與也而傳諸君君其備禦三鄰愼守寶矣敢不賀乎公懼乃反之

此下三事俱子產聘晋時所論說因而并敘

○鄭子產聘于晋晋侯有疾韓宣子逆客私焉曰寡君寢疾於今三月矣並走羣望有加而無瘳今夢黄熊入於寢門其何厲鬼也對曰以君之明子為大政其何厲之有昔堯殛鯀于羽山其神化為黄熊以入于羽淵實為夏郊三代祀之晋為盟主其或者未之祀也乎韓子祀夏郊晋侯有間賜子產莒之二方鼎子產為豐施歸州田於韓宣子曰日君以夫公孫段為能任其事而賜之州田今無祿早世不獲久享君德其子

襄公之適楚也夢周公祖而行今襄公實祖君其不行子服惠伯曰行先君未嘗適楚故周公祖以道之襄公適楚矣而祖以道君不行何之三月公如楚鄭伯勞于師之梁孟僖子爲介不能相儀及楚不能荅郊勞

叔孫婼如齊涖盟

夏四月甲辰朔日有食之

夏四月甲辰朔日有食之晉侯問於士文伯曰誰將當日食對曰魯衛惡之衛大魯小公曰何

故對曰去衞地如魯地於是有災魯實受之其大咎其衞君乎魯將上卿公曰詩所謂彼日而食于何不臧者何也對曰不善政之謂也國無政不用善則自取謫于日月之災故政不可不慎也務三而已一曰擇人二曰因民三曰從時

○晉人來治杞田季孫將以成與之謝息爲孟孫守不可曰人有言曰雖有挈缾之知守不假器禮也夫子從君而守臣喪邑雖吾子亦有猜焉季孫曰君之在楚於晉罪也又不聽晉魯罪重

辭令

以下兩章又是因子產答

弗敢有不敢以聞於君私致諸子宣子辭子產曰古人有言曰其父析薪其子弗克負荷施將懼不能任其先人之祿其況能任大國之賜縱吾子爲政而可後之人若屬有疆場之言敝邑獲戾而豐氏受其大討吾子取州是免敝邑於戾而建置豐氏也敢以爲請宣子受之以告晉侯晉侯以與宣子宣子爲初言病有之以易原縣於樂大心

○鄭人相驚以伯有曰伯有至矣則皆走不知所

悄伏踴躍

補敘追敘緣由來歷

兩語甚拙然却亦有致

往鑄刑書之歲二月或夢伯有介而行曰壬子余將殺帶也明年壬寅余又將殺段也及壬子駟帶卒國人益懼齊燕平之月壬寅公孫段卒國人愈懼其明月子產立公孫洩及良止以撫之乃止子大叔問其故子產曰鬼有所歸乃不爲厲吾爲之歸也大叔曰公孫洩何爲子產曰說也爲身無義而圖說從政有所反之以取媚也不媚不信不信民不從也及子產適晉趙景子問焉曰伯有猶能爲鬼乎子產曰能人生始

論精

勁有力

以諺揷離無腆固自有態

化曰魄既生魄陽曰魂用物精多則魂魄強是以有精爽至於神明匹夫匹婦強死其魂魄猶能馮依於人以爲淫厲況良霄我先君穆公之胄子良之孫子耳之子敝邑之卿從政三世矣鄭雖無腆抑諺曰蕞爾國而三世執其政柄其用物也弘矣其取精也多矣其族又大所馮厚矣而強死能爲鬼不亦宜乎

○子皮之族飲酒無度故馬師氏與子皮氏有惡齊師還自燕之月罕朔殺罕魋罕朔奔晉韓宣

至此則更不用遶晉字

子問其位於子產子產曰君之羇臣苟得容以逃死何位之敢擇卿違從大夫之位罪人以其罪降古之制也朔於敝邑亞大夫也其官馬師也獲戾而逃唯執政所寘之得免其死爲惠大矣又敢求位宣子爲子產之敏也使從嬖大夫

秋八月戊辰衛侯惡卒

秋八月衛襄公卒晉大夫言於范獻子曰衛事晉爲睦晉不禮焉庇其賊人而取其地故諸侯貳詩曰鶺鴒在原兄弟急難又曰死喪之威兄

詩文王陟降
在帝左右

弟孔懷兄弟之不睦於是乎不弔況遠人誰敢歸之今又不禮於衞之嗣衞必叛我是絕諸侯也獻子以告韓宣子宣子說使獻子如衞弔且反戚田衞齊惡告喪于周且請命王使成簡公如衞弔且追命襄公曰叔父陟恪在我先王之左右以佐事上帝余敢忘高圉亞圉

九月公至自楚

九月公至自楚孟僖子病不能相禮乃講學之苟能禮者從之及其將死也召其大夫曰禮人

之幹也無禮無以立吾聞將有達者曰孔丘聖人之後也而滅於宋其祖弗父何以有宋而授厲公及正考父佐戴武宣三命茲益共故其鼎銘云一命而僂再命而傴三命而俯循牆而走亦莫余敢侮饘於是鬻於是以糊余口其共也如是臧孫紇有言曰聖人有明德者若不當世其後必有達人今其將在孔丘乎我若獲沒必屬說與何忌於夫子使事之而學禮焉以定其位故孟懿子與南宮敬叔師事仲尼仲尼曰能

四字是缺語都乃用之叙事中

補過者君子也詩曰君子是則是效孟僖子可則效已矣

○單獻公棄親用羈冬十月辛酉襄頃之族殺獻公而立成公

冬十有一月癸未季孫宿卒

十一月季武子卒晉侯謂伯瑕曰吾所問日食從矣可常乎對曰不可六物不同民心不壹事序不類官職不則同始異終胡可常也詩曰或燕燕居息或憔悴事國其異終也如是公曰何

敘兩夢語亦古簡文法略變使見態

謂六物對曰歲時日月星辰是謂也公曰多語寡人辰而莫同何謂辰對曰日月之會是謂辰故以配日

十有二月癸亥葬衛襄公

衛襄公夫人姜氏無子嬖人婤姶生孟縶孔成子夢康叔謂己立元余使羈之孫圉與史苟相之史朝亦夢康叔謂己余將命而子苟與孔烝鉏之曾孫圉相元史朝見成子告之夢夢協晉韓宣子爲政聘于諸侯之歲婤姶生子名之曰

兩筮語𠑽畧變

屯初爻辭利居貞利建侯

元孟縶之足不良能行孔成子以周易筮之曰元尚享衛國主其社稷遇屯䷂又曰余尚立縶尚克嘉之遇屯䷂之比䷇以示史朝史朝曰元亨又何疑焉成子曰非長之謂乎對曰康叔名之可謂長矣孟非人也將不列於宗不可謂長且其繇曰利建侯嗣吉何建建非嗣也二卦皆云子其建之康叔命之二卦告之筮襲於夢武王所用也弗從何爲弱足者居侯主社稷臨祭祀奉民人事鬼神從會朝又焉得居各以所利

三語精簡有力

不亦可乎故孔成子立靈公十二月癸亥葬衞襄公

八年

八年春石言于晉魏榆晉侯問於師曠曰石何故言對曰石不能言或馮焉不然民聽濫也抑臣又聞之曰作事不時怨讟動于民則有非言之物而言今宮室崇侈民力彫盡怨讟並作莫保其性石言不亦宜乎於是晉侯方築虒祁之宮叔向曰子野之言君子哉君子之言信而有

徵故怨遠於其身小人之言僭而無徵故怨咎及之詩曰哀哉不能言匪舌是出唯躬是瘁哿矣能言巧言如流俾躬處休其是之謂乎是宮也成諸侯必叛君必有咎夫子知之矣

春陳侯之弟招殺陳世子偃師　夏四月辛丑陳侯溺卒

陳哀公元妃鄭姬生悼大子偃師二妃生公子留下妃生公子勝二妃嬖留有寵屬諸司徒招與公子過哀公有癈疾三月甲申公子招公子

過殺悼大子偃師而立公子留夏四月辛亥哀公縊干徵師赴于楚且告有立君公子勝愬之于楚楚人執而殺之公子留奔鄭書曰陳侯之弟招殺陳世子偃師罪在招也楚人執陳行人干徵師殺之罪不在行人也

叔弓如晉

叔弓如晉賀虒祁也游吉相鄭伯以如晉亦賀虒祁也史趙見子大叔曰甚哉其相蒙也可弔也而又賀之子大叔曰若何弔也其非唯我賀

敘事亦入細

將天下實賀
楚人執陳行人干徵師殺之
陳公子留出奔鄭
秋蒐于紅
秋大蒐于紅自根牟至于商衛革車千乘
○七月甲戌齊子尾卒子旗欲治其室丁丑殺梁
嬰八月庚戌逐子成子工子車皆來奔而立子
良氏之宰其臣曰孺子長矣而相吾室欲兼我
也授甲將攻之陳桓子善於子尾亦授甲將助

之或告子旗子旗不信則數人告將往又數人告於道遂如陳氏桓子將出矣聞之而還游服而逆之請命對曰聞彊氏授甲將攻子子聞諸曰弗聞子盍亦授甲無宇請從子旗曰子胡然彼孺子也吾誨之猶懼其不濟吾又寵秩之其若先人何子盍謂之周書曰惠不惠茂不茂康叔所以服弘大也桓子稽顙曰頃靈福子吾猶有望遂和之如初

陳人殺其大夫公子過

陳公子招歸罪於公子過而殺之

大雩

冬十月壬午楚師滅陳執陳公子招放之于越殺陳孔奐　葬陳哀公

九月楚公子弃疾帥師奉孫吳圍陳宋戴惡會之冬十一月壬午滅陳輿嬖袁克殺馬毀玉以葬楚人將殺之請寘之既又請私私於幄加絰於頴而逃使穿封戌爲陳公曰城麇之役不諂侍飲酒於王王曰城麇之役女知寡人之及此

細看亦不甚冗弟趣味覺短此是鍊法未喬

女其辟寡人乎對曰若知君之及此臣必致死禮以息楚晉侯問於史趙曰陳其遂亡乎對曰未也公曰何故對曰陳顓頊之族也歲在鶉火是以卒滅陳將如之今在析木之津猶將復由且陳氏得政于齊而後陳卒亡自幕至于瞽瞍無違命舜重之以明德寘德於遂遂世守之及胡公不淫故周賜之姓使祀虞帝臣聞盛德必百世祀虞之世數未也繼守將在齊其兆既存矣

萬曆丙辰夏吳興閔齊華
閔齊伋閔象泰分次經傳